LE LÉGISTE D'HOLLYWOOD

Titre original : *Coroner*

Conception graphique et mise en page : Farida Jeannet

44, quai Henri-IV – 75004 Paris
ISBN : 978-2-38094-583-6
Dépôt légal : juuillet 2025

Thomas Noguchi
Joseph DiMona

Le Légiste d'Hollywood

Traduit de l'anglais (États-Unis) par René Baldy

nouveau monde
ÉDITIONS

Préface

Les scènes tragiques défilent dans ma mémoire tandis que j'écris. Le corps de la belle Marilyn Monroe gisant sur son lit, une main tendue vers le téléphone. Robert Kennedy, si pétulant, si dynamique dans la vie, abattu par une balle meurtrière dans la cuisine d'un hôtel. Le tableau macabre découvert à Bel Air dans la propriété isolée où Sharon Tate enceinte avait été sauvagement assassinée. La corbeille à papiers dans la chambre d'hôtel où Janis Joplin trouva la mort. Les ruines calcinées d'une petite maison de Los Angeles où les ravisseurs de Patty Hearst périrent sous le feu acharné des policiers. Les surprenantes pièces à conviction découvertes sur les lieux du «suicide» d'Albert Dekker. L'appartement luxueux et étonnamment ordonné dans lequel William Holden fut retrouvé quatre jours après sa mort. La veste rouge que portait Natalie Wood lorsque son corps fut repêché dans des eaux battues par la pluie au large de l'île de Catalina. Les minuscules traces de sang sur le bras de John Belushi, révélant qu'il n'était pas mort d'une crise cardiaque.

Hollywood, la capitale du cinéma, faisant partie de ma juridiction de médecin légiste-chef et de coroner du comté de Los Angeles, ma carrière professionnelle fut émaillée d'affaires retentissantes et qui soulevèrent des controverses dont certaines persistent encore aujourd'hui. Marilyn

Monroe s'est-elle suicidée ou les drogues qui ont causé sa mort lui ont-elles été injectées par une autre personne ? Est-ce la balle de Sirhan Sirhan ou celle d'un autre tireur qui a tué Robert Kennedy ? Comment les couteaux utilisés dans le meurtre de Sharon Tate ont-ils été identifiés et ont-ils pu servir à incriminer le gang Manson puisqu'ils n'ont jamais été retrouvés ? Quelles sont les circonstances réelles de l'affaire de drogue qui a entraîné la mort de Janis Joplin ? Les ravisseurs de Patricia Hearst ont-ils été victimes de brutalité policière ou de leur propre acharnement révolutionnaire ?

J'ai conduit les enquêtes médico-légales pour chacune de ces affaires. Tel que la loi le définit, mon travail consistait à déterminer les « modalités, causes et circonstances » de la mort et à communiquer les résultats de mes recherches à la presse et au public. Jusqu'à présent, mes révélations se sont limitées au contenu des rapports établis. Il ne m'a pas été donné de publier la chronique complète de mes enquêtes. C'est cette chronique que je fais aujourd'hui, en donnant mon point de vue personnel de coroner. Mon objectif ne se limite pas à éclairer d'un jour nouveau nombre de questions troublantes qui restent encore posées, il est aussi de décrire les techniques et les ambitions de cette discipline mal connue qu'est la médecine légale.

Tant que sa cause n'est pas établie, toute mort est un mystère. Est-elle naturelle ou non ? S'agit-il d'un homicide, d'un suicide, d'un accident ? Le coroner est, en quelque sorte, un inspecteur médical spécialement formé pour résoudre ce mystère. Il supervise la collecte d'indices matériels et de pièces à conviction, interroge les témoins. Il a également la charge de l'autopsie. Il réunit les rapports de laboratoire communiqués par d'autres spécialistes de l'expertise médicale et concernant la présence d'infimes particules de fibre ou de métal, les traces révélatrices de traumatisme relevées dans les tissus, les caractéristiques des fragments d'os, des dents, des sécrétions – non seulement pour déterminer la cause de la mort mais pour établir l'identité d'une victime inconnue et, parfois, celle de son meurtrier. Parmi les autres cas que j'ai pris en main avec l'assistance de mon équipe, je citerai l'identification des victimes affreusement brûlées et mutilées d'une catastrophe aérienne. Dans un éclair d'intuition, j'ai aussi eu la chance de découvrir la cause de la mort d'une jeune actrice de Hollywood qui semblait avoir été tuée par une balle inexistante. Et, plusieurs fois, j'ai pu mettre en évidence des preuves de meurtre dans de prétendus «crimes parfaits».

Le travail de médecin légiste m'a toujours fasciné parce qu'il représente à chaque instant un défi à relever. Je crois également que le coroner et le médecin légiste exercent une fonction salutaire, aussi bien pour le district de leur juridiction que pour la société dans son ensemble. Et je suis fermement convaincu que l'indépendance des services du coroner est une garantie pour la population. Le coroner doit avoir du cran. Ses révélations et décisions peuvent être impopulaires. Mais il doit s'en tenir à sa conviction et la formuler telle qu'elle est.

Tout décès comporte des enseignements utiles pour les vivants. La mission essentielle du coroner consiste à tirer ces enseignements et à les traduire sous forme de lois. Et, lorsque la mort refuse obstinément de livrer son secret, il reste, pour nous guider, l'esprit du haïkaï que j'ai récemment écrit :

Le Légiste d'Hollywood

Principe de la médecine légale.
Il n'y a pas de route à suivre.
C'est à nous d'ouvrir une voie nouvelle.

1

AFFAIRE MÉDICO-LÉGALE N° 81-15167

Natalie Wood

Santa Catalina est une petite île du Pacifique Nord, située à cinquante kilomètres des côtes méridionales de la Californie. D'une longueur de trente-six kilomètres pour une largeur moyenne de treize kilomètres, elle est renommée pour la beauté imposante de ses sites. Les éperons rocheux et les failles de son relief montagneux dessinent des anses pittoresques où yachts et voiliers viennent mouiller au pied des falaises. Avalon, à la pointe sud de l'île, est une localité comptant quelques milliers de résidents permanents. Sa baie magnifique a la réputation d'être un endroit rêvé pour la pratique de la voile et de la plongée sous-marine. Amarrés dans le port, des bateaux à fond de verre permettant d'observer la vie aquatique attendent les excursionnistes. C'est la partie la plus connue de Santa Catalina.

Les yachtmen préfèrent une anse plus isolée, à l'extrémité nord. Isthmus Bay, où les falaises plongent droit dans la mer, n'offre au touriste aucune possibilité d'hébergement hôtelier. Le seul établissement de cette côte est le *Doug's Harbor Reef*, un bar-restaurant fréquenté par les plaisanciers dont les bateaux sont ancrés dans l'anse.

Le soir du 28 novembre 1981, Natalie Wood et son mari, Robert Wagner, dînèrent au *Doug's Harbor Reef* en compagnie de l'acteur Christopher Walken qui était leur invité pour le long week-end du Thanksgiving[1]. Puis ils rentrèrent passer la nuit à bord du *Splendour*, le yacht des Wagner. Le lendemain, aux premières heures du jour, le corps de Natalie Wood fut retrouvé, flottant à la dérive, le visage dans l'eau.

La nuit du drame, une goélette était amarrée à la même bouée que le yacht des Wagner et, par un étrange concours de circonstances, le capitaine de ce bateau n'était autre que Paul Miller, collaborateur de la brigade médico-légale du comté de Los Angeles et notre principal conseiller sur les accidents en mer. Miller, un ami des Wagner, était diplômé de l'Académie navale des États-Unis et président de l'Académie de Navigation à Voile de Marina del Rey, en Californie, l'une des plus grandes écoles de voile du monde. Il connaissait remarquablement bien les eaux traîtresses qui entourent l'île de Santa Catalina.

De toute ma carrière, je ne me rappelle pas avoir bénéficié d'un pareil coup du hasard. Un expert d'une compétence indiscutable était présent sur les lieux de l'accident. Le soir précédant la tragédie, Miller dîna dans le même restaurant que les Wagner et Christopher Walken. Il regagna son bateau une demi-heure environ avant eux. Lorsque les acteurs regagnèrent le *Splendour*, il était sur le pont et les vit passer. Plus tard dans la nuit, il fut également le premier à répondre à l'appel au secours lancé par Robert Wagner.

1. Thanksgiving Day : Journée d'Action de Grâces, fête célébrée le dernier jeudi de novembre.

Par une autre coïncidence étonnante, trois ans plus tôt, en 1978, Miller m'avait invité, à l'occasion d'une enquête, à bord de sa goélette. Cette enquête avait débuté le même weekend – celui de Thanksgiving – et dans l'anse même où Natalie Wood allait perdre la vie.

Les scientifiques attachés à un service de médecine légale doivent examiner le site présumé de la mort mais aussi toutes les particularités de son environnement. Cela fait partie de nos devoirs à l'égard du public. Car notre tâche ne se limite pas aux homicides perpétrés à l'arme à feu ou à l'arme blanche ; elle couvre également les accidents et catastrophes de toute nature, sur terre, en mer et dans les airs. À Los Angeles, les décès par noyade étaient particulièrement nombreux en raison de la pratique très répandue de sports comme la plongée sous-marine, le surf et le yachting. Aussi avais-je contacté Miller afin de compléter mes connaissances sur les facteurs contribuant aux accidents sous-marins.

Lors de mon déplacement à Catalina, je dînai au *Doug's Harbor Reef*. Ce soir-là, en regagnant le yacht de Miller, je remarquai une chose qui allait s'avérer importante pour ma compréhension du pourquoi et du comment de la mort de Natalie Wood. À bord de nombreux bateaux ancrés dans l'anse, des chaînes hi-fi déversaient une musique tonitruante, à laquelle s'ajoutait le tintamarre des *parties*. En raison du vacarme environnant, seules deux personnes, Marilyn Wayne et un ami, qui se trouvaient sur un bateau voisin, entendirent les appels affolés de Natalie Wood qui demandait de l'aide. Ils rapportèrent qu'une fête avait lieu sur un bateau proche du *Splendour* et que de la musique rock hurlait dans toute l'anse.

Précision tragique, ils déclarèrent ne pas être intervenus parce qu'ils avaient entendu, sur le pont de ce même bateau, des gens crier à Natalie Wood qu'ils venaient la chercher.

Miller se trouvait dans la cabine de son voilier. Il n'entendit rien, toujours à cause du bruit. Wagner et Walken, qui étaient à bord du *Splendour*, affirmèrent ne se souvenir d'aucun cri.

Dès que je fus informé de la mort de Natalie Wood, je demandai à Miller de mener une enquête spéciale. Lorsque son rapport me parvint, je fus à même de confronter ses observations d'expert et ma propre connaissance des eaux dangereuses qui baignent la petite île balayée par les vents. Une grande publicité fut faite autour de nos investigations mais certains aspects des derniers instants de Natalie Wood n'ont jamais été révélés.

***

En 1955, trois jeunes acteurs apparaissent dans un film qui, en l'espace d'une nuit, va les élever au rang de grandes stars. Ce film a pour titre *La Fureur de vivre*, et les acteurs se nomment James Dean, Sal Mineo et Natalie Wood.

Ces trois acteurs vont mourir avant leur heure. James Dean se tue au volant de sa Porsche en allant participer à une compétition l'année même où le film sort sur les écrans. (*Géant* ne sera distribué qu'après sa mort.) En 1976, Sal Mineo est poignardé près de sa maison de Hollywood. Et, en 1981, Natalie Wood meurt noyée dans un mystérieux accident.

S'il exista jamais une enfant de Hollywood, ce fut elle. Née Natasha Gurdin le 20 juillet 1938 à San Francisco, elle gagne, dès l'âge de six ans, mille dollars par semaine à la 20th Century-Fox en apparaissant dans des films tels *Demain viendra toujours* et *Le Miracle de la 34ᵉ Rue*. C'est dans *La Fureur de vivre* qu'elle jouera son premier rôle d'adulte. Autant que sa beauté, la finesse avec laquelle elle incarne une adolescente perturbée lui valut un accueil enthousiaste de la part du public américain. Ses confrères de l'industrie cinématographique lui décernent le prix d'interprétation pour ce rôle.

Plus tard, au cours de sa carrière, elle recevra deux autres Oscars, en 1961, pour *La Fièvre dans le sang* et en 1963, pour *Une certaine rencontre*. À la veille de sa mort, cette étonnante vedette est toujours en pleine ascension. Elle reçoit le prix du Golden Globe comme meilleure actrice de l'année 1980, non moins de vingt ans après son premier grand rôle et de trente-neuf ans après sa première apparition à l'écran.

Pour bien des Américains, Natalie Wood incarne la star de légende, vivant dans ce que le *New York Times* appelle : « Le Hollywood des images en celluloïd, des villas, des yachts, des bains de minuit, des équipées en moto, des fêtes somptueuses et de la vie nocturne. » À la vérité, elle mène une vie personnelle relativement rangée. En 1957, elle épouse un jeune acteur du nom de Robert Wagner. Ils divorcent en 1962. Après un mariage de courte durée avec le producteur britannique Richard Gregson, Natalie Wood réépouse Wagner en 1972 et ils restent mariés jusqu'à la date de sa mort.

Aux dires de nombreux proches, c'est une alliance idyllique entre deux acteurs en renom, ce qui est chose rare à Hollywood. Natalie Wood et Robert Wagner connaissent tous deux la gloire mais leur union n'est pas entachée par les jalousies qui rongent fréquemment les couples de célébrités. Ils s'aiment énormément et adorent leurs enfants, Katherine, seize ans, Natasha, onze ans, et Courtney Broome, sept ans.

Leur entente est renforcée par une passion commune : la mer. Depuis quelque temps, leur vie tourne autour du *Splendour*, à bord duquel ils passent la plupart de leurs week-ends et de leurs loisirs. Contrairement à ce qu'affirment certains, Natalie Wood ne semble nullement avoir peur de l'eau. D'autres plaisanciers la voient fréquemment se rendre seule à terre à bord du petit canot pneumatique qui sert d'annexe au yacht.

En 1981, à l'approche de Thanksgiving, la carrière des deux époux Wagner est toujours auréolée du même succès. Robert Wagner, R.J. pour ses amis, joue avec Stefanie Powers dans *Hart to Hart*, une série télévisée très cotée. De son côté, Natalie Wood tourne pour la M.G.M. le film *Brainstorm* dont elle partage la vedette avec Christopher Walken.

La météo a annoncé du mauvais temps sur l'île de Santa Catalina pour la nuit du 28 novembre. Une pluie froide et pénétrante s'abat sur Isthmus Bay, fouettant le visage de ceux qui vont dîner à terre dans leurs petites embarcations. Dans le courant de la journée, Paul Miller a vu Natalie Wood gagner deux fois la côte à bord de son dinghy à moteur. Vers 17 heures, il amarre son canot à un quai et, accompagné de trois amis, entre dans le havre chaud et lumineux du *Doug's Harbor Reef.* À l'une des tables, les réjouissances ont déjà commencé. Natalie Wood, Robert Wagner et Christopher Walken sablent joyeusement le champagne.

Vers 19 heures, les époux Wagner et leur hôte sont invités à prendre place pour le dîner. Ils commandent encore du champagne. Lorsque Miller et ses amis sortent du restaurant, ils sont toujours en train de s'amuser. Mais Don Whiting, le gérant de nuit, est inquiet. Il redoute qu'ils ne soient un peu trop pris de boisson pour regagner leur yacht en toute sécurité. Lorsqu'ils quittent l'établissement, à 22 h 30, il appelle Kurt Craig, de la sécurité du port, et lui demande de s'assurer que le petit groupe est bien arrivé sain et sauf à bord du *Splendour.*

Sur la goélette *Easy Rider*, Paul Miller et sa femme ont installé leur chambre dans la partie avant du navire, celle qui fait face à la côte. Une fête tapageuse a lieu dans une maison du rivage. Deux haut-parleurs, placés sous la véranda, inondent la crique de musique rock. Les Miller ne parviennent pas à fermer l'œil. Ce bruit est peut-être celui que Marilyn Wayne croyait provenir d'un bateau voisin du *Splendour.* À 1 h 15, Miller s'assied sur sa couchette, cherche à tâtons le micro de sa radio et appelle la fréquence du port, que tous les bateaux captent en continu. Il a l'intention de contacter la Bay Watch, un détachement de vigiles privés chargés de la sécurité sur la côte d'Isthmus Bay, pour demander que l'on fasse un peu baisser le vacarme à terre.

– Allô ! Bay Watch ! Ici, *Easy Rider.*

La réponse se limite à quelques craquements et parasites. Miller comprend immédiatement que le vigile de la Bay Watch a été invité à la fête.

C'est alors qu'une voix, que Miller ne reconnaît pas tout de suite, se fait entendre à la radio. C'est R.J. Wagner. Il ne semble ni affolé ni même nerveux. Répondant aux questions sur le ton de son appel, Miller choisira l'adjectif «interrogateur».

– *Easy Rider?* Êtes-vous en train de croiser dans les parages? demande Wagner.

– Non. Je suis au mouillage.

– Ici, *Splendour*. Nous pensons qu'une personne manque à notre bord. Elle aurait pris la mer dans un canot pneumatique de trois mètres trente.

Don Whiting, le gérant de nuit du restaurant, qui vit à longueur d'année sur son bateau, est en train de lire dans sa cabine. La radio grésille et il entend la conversation entre Wagner et Miller. Il appelle un ami à terre, lui demande de se rendre immédiatement au yacht des Wagner et de le tenir au courant de la situation.

Une demi-heure plus tard, les bateaux de la patrouille portuaire, les bateaux privés de la Bay Watch et les hélicoptères des garde-côtes commencent à balayer l'océan de leurs projecteurs. Les faisceaux illuminent une mer agitée et des bateaux tanguant dans la houle, mais on ne trouve rien.

7h30 le lendemain: un hélicoptère dépêché par les services du shérif fait route vers Catalina pour participer aux recherches lorsqu'un membre de l'équipage repère un point rouge sur les flots.

– Descends! crie-t-il au pilote.

L'homme amène son appareil au ras des vagues. Le vent des pales fait moutonner la mer autour de l'hélicoptère. Un corps de femme vêtu d'une veste rouge flotte sur le ventre, les cheveux éparpillés en corolle autour de la tête. C'est Natalie Wood.

Le corps se trouve à un mille au sud du *Splendour*, au large d'une calanque isolée du nom de Blue Cavern Point. Le canot pneumatique est découvert échoué, encore plus loin vers le sud. La clef, sur le tableau de bord du bateau, est en position «off», le levier de vitesses au point mort et les avirons sont rentrés.

Les policiers sont perplexes car, visiblement, le bateau n'a pas été utilisé. Ils sont encore plus surpris par l'habillement de Natalie Wood. Elle ne porte qu'une chemise de nuit, des chaussettes de laine montantes et une grosse veste garnie de duvet. Il est clair qu'elle ne s'est pas préparée pour une promenade en mer. Pourtant, il semble bien qu'elle ait détaché l'amarre qui maintenait le dinghy au yacht. Pourquoi l'a-t-elle fait si elle ne comptait pas prendre le canot? C'est l'un des mystères qui planent sur sa mort tragique.

***

Le jour où le corps fut découvert, je déléguai à Catalina une enquêtrice qualifiée de la brigade médico-légale, Pamela Eaker. Elle interrogea Robert Wagner. Ce dernier lui déclara qu'au retour du restaurant, il était allé prendre un verre avec Walken dans le salon du yacht et que sa femme s'était retirée. Dans son souvenir, il l'avait vue pour la dernière fois cette nuit-là vers 11 h 15. Il était minuit passé lorsque Wagner regagna sa cabine et constata que Natalie Wood n'était pas couchée. En la cherchant sur le yacht, il découvrit que le canot manquait également. Tout d'abord, il ne fut pas inquiet parce que sa femme partait souvent seule à bord du dinghy. Le temps passa. Ne la voyant pas réapparaître, Wagner commença à s'alarmer et, finalement, envoya un message radio.

Lorsque Pamela Eaker lui demanda si sa femme pouvait s'être donné la mort volontairement, Wagner répondit que Natalie Wood n'avait pas la moindre tendance suicidaire.

Pamela Eaker s'entretint également avec Don Whiting, plusieurs shérifs adjoints et des inspecteurs de Santa Monica. Son rapport officiel établissait les observations faites à ce stade de l'enquête et concluait ainsi :

> Le corps de la défunte a été retiré de l'eau et placé en chambre hyperbare pour une bonne conservation. À mon arrivée sur les lieux, il était allongé sur une civière et enveloppé dans une feuille de plastique. La défunte était vêtue d'une chemise de nuit de flanelle et de chaussettes. La veste rouge qui avait permis de la repérer ne se trouvait plus sur elle car elle avait glissé lors du repêchage du corps. D'après les hommes du shérif, le corps était dépourvu de toute rigidité lorsqu'ils l'ont sorti de la mer. Ils notèrent de l'écume sortant de la bouche de la défunte. Des spumosités continuent à sortir de la bouche. L'ensemble du corps présente maintenant une rigidité de 3 à 4 +. La défunte porte de nombreuses contusions aux bras et aux jambes. Ses yeux ont également un aspect légèrement trouble. Aucun autre traumatisme n'a été relevé et, dans l'état actuel des choses, rien ne permet de conclure à un quelconque acte criminel.

La police non plus ne soupçonnait pas d'acte criminel dans la mort de Natalie Wood. Mais, ce dimanche-là, à la tombée de la nuit, Hollywood bourdonnait de rumeurs. N'était-il pas étrange que les deux hommes présents à bord n'aient pas remarqué qu'elle quittait le yacht? Ne leur avait-elle rien dit? Pourquoi s'était-elle rendue subrepticement à l'arrière du bateau? Pourquoi avait-elle descendu l'échelle et largué l'amarre du canot pneumatique? Que faisait-elle? Où allait-elle? Et pourquoi?

Dans tout cas de mort insolite, le premier devoir du médecin légiste est de soupçonner le meurtre. À la vérité, certaines sommités dans le domaine de la médecine légale estiment que la recherche du meurtre est notre *unique* mission et que tout ce que nous faisons en dehors d'elle ne constitue qu'un service accessoire rendu à la collectivité.

Je crois pour ma part que la science médico-légale doit avoir – et a – des visées plus larges. Mais, sur un point précis, je rejoins les sommités mentionnées plus haut : toute mort non naturelle est un homicide tant que le contraire n'a pas été démontré. Ainsi, au moment même où Pamela Eaker interrogeait les gens dans l'île de Catalina, je téléphonais à Paul Miller, qui avait été mon hôte trois ans plus tôt dans cette même île. Je voulais une enquête spéciale, réalisée par un expert, afin d'établir les faits entourant la mort de Natalie Wood. Quand j'appris que Miller se trouvait à Isthmus Bay la nuit du drame, je fus convaincu que son rapport aboutirait aux conclusions recherchées.

Je donnai à Miller les quelques instructions fondamentales qui font partie de la routine dans toute enquête médico-légale :

1) Examiner la poupe du *Splendour* pour y chercher toute anomalie ou trace de violence ayant pu échapper à la police (meurtre).

2) Examiner le canot pneumatique pour y chercher d'éventuelles traces de lutte (meurtre).

3) Examiner les algues et la végétation marine dans la partie basse de l'échelle pour y chercher tout signe de perturbation (avait-elle essayé de remonter à bord?).

4) Examiner les flancs du dinghy pour y chercher d'éventuelles griffures d'ongles (avait-elle essayé d'embarquer dans le canot?).

Mais j'indiquai clairement à Miller que ces instructions ne constituaient qu'un point de départ. Je comptais sur son expérience et sa compétence pour le reste de l'enquête.

En raccrochant, je me félicitais d'avoir délégué sur les lieux l'homme le plus apte à faire le travail. Je savais aussi que son enquête pouvait durer des jours, et le public voulait savoir sur-le-champ ce qui était arrivé à Natalie Wood. Ce premier jour, la rumeur colportait des bruits de meurtre et je ne pouvais pas les réfuter. Mais j'espérais que les informations contenues dans le compte rendu d'enquête de Pamela Eaker et les éclaircissements fournis par l'autopsie – qui devait être pratiquée le lendemain – m'apporteraient suffisamment de données pour me forger un début d'opinion et réduire les rumeurs à l'aide de faits établis.

La matinée du lundi 1er décembre 1981 fut particulièrement mouvementée pour moi. Le Dr Sugiyama et le Dr Ishiyaka (un de mes camarades de promotion à l'École médicale nippone) dirigeaient un séminaire de médecine légale et m'avaient demandé d'y faire une intervention à l'heure du petit déjeuner. Mais les bureaux de la brigade médico-légale étaient maintenant assiégés par la presse qui exigeait des réponses sur la mort mystérieuse de Natalie Wood. Je me rendis néanmoins au séminaire, prononçai quelques mots, puis m'excusai en expliquant qu'il m'était impossible de rester.

À 9 heures, tout était prêt pour le début de l'autopsie. Elle fut pratiquée par le Dr Joseph Choi, un praticien agréé en pathologie médico-légale par l'Ordre des Médecins, et l'un de mes collaborateurs les plus qualifiés. En supervisant son travail, je notai certains faits intéressants :

Une lésion légère et récente, d'environ deux centimètres et demi de large, s'étendait sur une longueur de dix centimètres au-dessus du poignet droit sur la face intérieure de l'avant-bras. Le poignet gauche portait des lésions superficielles et récentes mesurant approximativement un centimètre et demi de diamètre.

De nombreuses autres lésions superficielles d'un centimètre et demi à deux centimètres et demi de diamètre étaient visibles sur la partie postérieure des deux mollets. Elles semblaient relativement récentes.

Deux ecchymoses d'environ cinq centimètres de diamètre apparaissaient, l'une au genou gauche, l'autre à la cheville droite.

La seule lésion a la tête était une longue éraflure à la joue gauche. Pas de traumatisme crânien.

Un examen des vêtements que Natalie Wood portait la nuit de sa mort amena une constatation révélatrice. Plus de vingt-quatre heures après la découverte de son corps, sa chemise de nuit en flanelle, ses chaussettes de laine et sa veste de duvet n'étaient pas encore sèches. Soupesant la veste saturée d'eau, j'observai qu'elle était extrêmement lourde : entre quinze et vingt kilos. Consultant le rapport du laboratoire de toxicologie, je pris également connaissance du taux d'alcoolémie relevé : 1,4 gramme, soit 0,4 gramme de plus que le maximum autorisé par le Code de la Route en Californie.

Le rapport toxicologique et les lésions nous permettaient d'établir les causes probables de la mort. L'éraflure verticale à la joue nous donnait à penser que Natalie Wood s'était meurtri le visage probablement en essayant de monter à bord du canot. Le fait qu'elle ne portât aucune blessure importante à la tête indiquait qu'elle était consciente au moment de sa chute dans l'eau. Je pensais alors que les lésions observées aux jambes étaient dues à cette chute.

À mon point de vue, l'aspect le plus tragique de ces révélations était constitué par son habillement. Elle s'était noyée à cause du poids de sa veste qui l'avait attirée vers le bas alors qu'elle essayait de prendre pied sur le dinghy. Si elle avait enlevé cette veste, elle aurait pu se hisser à bord et avoir la vie sauve.

Pourquoi n'avait-elle pas enlevé cette veste ? La raison nous était suggérée par le taux d'alcoolémie de 1,4 gramme relevé par le laboratoire. La quantité d'alcool absorbée empêchait Natalie Wood de réagir logiquement, sinon, elle se serait immédiatement débarrassée de la veste mortelle.

Me fondant sur l'autopsie et les autres examens, je conclus que Natalie Wood s'était noyée à cause de cette veste détrempée. Je présumai que son corps et le dinghy avaient dérivé à un mille du yacht en raison des courants.

Mais une question me hantait : en tombant à l'eau, pourquoi n'avait-elle pas nagé les quelques brasses au plus qui pouvaient la séparer de l'échelle afin de regagner le yacht ? À mon sens, elle aurait pu y parvenir facilement malgré la veste alourdie par l'eau car, contrairement au canot, l'échelle était stable.

Peut-être mon enquêtrice sur les lieux pourrait-elle apporter une réponse à ce mystère. Je la convoquai à midi dans mon bureau en compagnie du Dr Ronald Kornblum, directeur adjoint de la division de médecine légale, et du Dr Choi, qui avait pratiqué l'autopsie.

Mon bureau se trouvait au deuxième étage de l'Institut médico-légal du comté de Los Angeles. Nous nous rencontrâmes à l'heure dite. Étaient présents : les deux experts de médecine légale, Richard Wilson, directeur administratif de mes services, et Pamela Eaker. Je leur fis part de mes premières conclusions, à savoir que la noyade avait été accidentelle et que l'alcool avait joué un rôle déterminant dans la mort de Natalie Wood. C'est alors que l'on me fit la remarque suivante :

– Docteur, ce qui intéresse les journalistes, ce n'est pas tant de savoir si Natalie Wood avait bu ou non mais *pourquoi elle avait quitté le yacht alors qu'il faisait nuit noire.*

J'acquiesçai d'un hochement de tête. Et, à cette question, s'ajoutait la mienne : pourquoi n'avait-elle pas regagné l'échelle alors qu'elle s'en trouvait vraisemblablement à moins d'un mètre ? Ces deux points indiquaient qu'elle semblait décidée à s'éloigner du bateau. À ce moment, on m'apprit que l'un des policiers avait apparemment fait état d'une querelle entre Wagner et Walken dans la cabine principale du yacht. En théorie, il était possible que, cédant à un mouvement de répulsion à leur égard, Natalie Wood ait décidé de partir à bord du dinghy simplement pour s'éloigner d'eux.

Un grand silence s'abattit sur la pièce. Brusquement, nous étions tous frappés par les implications de cette hypothèse. Elle apportait de l'eau au moulin de ceux qui prétendaient qu'un «scandale» à bord du yacht avait été à l'origine de la mort de la célèbre star.

* * *

J'ai assisté à de nombreuses conférences de presse suivant la mort de vedettes de cinéma mondialement célèbres. Aucune ne se déroula dans un climat aussi tendu que celle qui suivit la mort de Natalie Wood. Des rumeurs d'acte criminel ainsi que de scandale de mœurs se propageaient dans tout Hollywood. Et il m'incombait de révéler les faits qui allaient faire taire ou alimenter ces rumeurs.

Une atmosphère presque semblable m'avait accueilli seulement deux semaines plus tôt, lorsque j'avais annoncé le résultat de mes investigations concernant la mort d'un autre acteur célèbre. William Holden, ami intime de Stefanie Powers qui tournait *Hart to Hart* avec Robert Wagner. Les journalistes m'écoutaient avec une avidité identique lorsque je leur fis part de nos premières découvertes relatives au décès de Natalie Wood. Je déclarai :

– Elle a glissé et s'est noyée accidentellement alors qu'elle tentait de monter à bord d'un canot pneumatique pour quitter le yacht.

Je dis qu'il n'y avait aucune preuve d'acte criminel. La présence d'une éraflure superficielle sur sa joue pouvait très bien s'expliquer par le fait que sa tête ait donné sur le flanc du dinghy lorsqu'elle était tombée à l'eau.

À ce stade, je me souvins de l'affaire William Holden et j'eus une hésitation. Je n'étais guère enclin à essuyer une tempête de critiques semblable à celle qui avait éclaté lorsque j'avais déclaré que l'absorption d'alcool était en partie responsable de la mort de l'acteur. Mais, étant donné les faits que je possédais sur le décès de Natalie Wood, je ne pouvais pas non plus mentir. Les examens avaient été réalisés. Aux termes de la loi, j'étais tenu de communiquer les résultats dans ma déclaration publique officielle. Tout journaliste ayant connaissance du taux de 1,4 gramme saurait qu'il était supérieur au taux de 1 gramme toléré par le Code de la Route de l'État de Californie.

Je m'efforçai néanmoins de minimiser l'impact de ma révélation. Je déclarai que l'alcool absorbé l'avait été uniquement à l'occasion de «réjouissances» lorsque les Wagner et Walken s'étaient rendus à terre pour dîner.

– Je ne pense pas, conclus-je, que l'ébriété ait été à l'origine de sa chute dans l'eau. Le taux de 1,4 gramme relevé dans le sang signifie simplement qu'elle était légèrement prise de boisson. Selon les apparences, elle n'avait bu que du champagne, peut-être sept ou huit coupes. C'est insuffisant pour causer ce que l'on appelle l'ivresse.

Ce que je disais était vrai mais je modifiais délibérément les faits. Je me gardai de rappeler aux journalistes un point important en matière de médecine légale. Le taux d'alcoolémie présenté par Natalie Wood au moment de sa chute dans l'eau était naturellement *plus élevé* que celui de 1,4 gramme relevé après sa mort.

– L'alcool a-t-il joué un *quelconque rôle* dans sa mort? demanda un journaliste.

Pensant à la veste saturée d'eau dont l'actrice aurait dû se débarrasser, je répondis:

– L'alcool faisait partie des facteurs intervenant dans le fait qu'après sa chute dans l'eau, elle n'ait pas réagi de façon adaptée face au danger.

Sans cesser de dire la vérité, je continuais à minimiser l'importance de l'absorption d'alcool. Puis les questions s'orientèrent vers un point encore plus électrique. Je crois me rappeler que le reporter de la chaîne NBC fut le premier à demander pourquoi Natalie Wood était partie.

Je répondis que je l'ignorais et qu'une «autopsie psychologique» nous apprendrait peut-être pourquoi elle avait eu envie ce soir-là de quitter son mari et Christopher Walken.

Malchance. *La* question explosa comme une bombe, montrant que la presse était déjà au courant.

– Docteur Noguchi, y a-t-il eu cette nuit-là, entre R.J. Wagner et Christopher Walken, un différend qui aurait pu pousser Natalie Wood à vouloir s'en aller?

Je levai la main pour demander le silence.

– Un instant, dis-je en me tournant vers Richard Wilson, à qui j'avais demandé d'être présent à la conférence.

Il était chargé des relations avec la presse et était mieux informé que moi sur ce «différend».

Sous le regard des journalistes, je le fis venir à mes côtés. J'étais assis derrière un micro. Wilson s'agenouilla près de moi et me dit:

– Oui. Il y a eu un différend.

Il ne s'était pas rendu compte que sa voix porterait jusqu'au micro. Je me tournai vers les journalistes, sachant qu'ils avaient déjà entendu l'affirmation de Wilson et je la répétai officiellement pour le compte rendu de la conférence.

– Quel genre de différend? cria un journaliste.

D'un signe de tête, je demandai des précisions à Wilson.

– Non violent, répondit-il, en baissant le ton, cette fois.

Je répétai:

– Il s'agissait d'un différend dépourvu de violence.

La salle était déchaînée. Les journalistes tenaient enfin du sensationnel. Ce «différend», avec ou sans violence, pouvait signifier que Wagner était indirectement responsable de la mort de sa femme. La nouvelle allait faire la une des journaux. Et ce n'était qu'un début. Ce différend allait ouvrir la porte à mille et une suppositions sur ce qui s'était réellement passé ce soir-là entre ces trois «séduisantes personnes».

Les journalistes avaient compris que les informations intéressantes étaient aux mains de Richard Wilson. Ils le harcelèrent de questions. Mais Wilson assura qu'il ignorait la cause du différend. Il savait simplement qu'une discussion animée avait eu lieu sur des sujets variés. À une autre question, il répondit que la querelle ne concernait pas Natalie Wood.

– Ils exprimaient des divergences sur des sujets à caractère général, exposa Wilson. Nous ne savons pas exactement lesquels. Les deux interlocuteurs ont fait l'objet d'un examen. Il n'y a pas eu d'affrontement physique.

Mais cela ne fit pas taire les questions.

– A-t-elle pu quitter le yacht parce qu'elle se sentait en danger?

– D'après ce que nous savons, non. Elle ne se sentait pas en danger, répondit Wilson. Le différend ne la concernait pas.

À mesure que les journalistes interrogeaient Wilson, je me sentais de plus en plus mal à l'aise. Au début, la question de cette fameuse querelle m'avait ennuyé, maintenant, elle me contrariait.

Et il y avait deux raisons à cette contrariété. Premièrement, pour moi, l'information reçue était de troisième main. Un adjoint du shérif l'avait apparemment confiée à un membre de la brigade médico-légale qui me l'avait lui-même communiquée. Le deuxièmement résidait en un point qui est une source de préoccupation perpétuelle pour les coroners : dans quelle mesure une information doit-elle être révélée lorsqu'elle ne fait pas directement partie du débat?

À mon sens, même si elle avait poussé Natalie Wood à quitter le yacht, une querelle verbale entre Wagner et Walken ne pouvait être considérée que comme un élément accessoire. Mais la loi confère au coroner le devoir de découvrir «les modalités, cause et circonstances de la mort». Or une telle querelle pouvait être incluse au nombre des «circonstances».

Quoi qu'il en fût, ce différend – dont la réalité restait encore à prouver – n'était qu'une circonstance marginale. Son seul intérêt était de donner une raison au fait que Natalie Wood ait voulu partir seule en pleine nuit dans un canot pneumatique. Mais la raison principale de sa mort était une glissade accidentelle. Pour traduire la chose de façon plus imagée, je dirai que, si une dispute éclate entre deux conjoints, que la femme furieuse quitte la maison, s'enfuit en voiture et se tue dans un accident parce qu'elle a confondu la pédale de l'accélérateur avec celle du frein, le mari n'est en aucun cas coupable de meurtre.

Mais la presse avait flairé une piste et elle s'acharnait. Elle voulait savoir très exactement ce qui s'était passé sur le yacht cette nuit-là et pourquoi Natalie Wood s'était enfuie si précipitamment, qu'elle n'avait même pas pris le soin de s'habiller. Les journalistes ne tardèrent pas à suivre une autre piste. Le sergent Sue Maher, du Bureau d'Information du Shérif, fit la déclaration suivante à un reporter du *Los Angeles Times:* «Les enquêteurs ont confirmé qu'il s'était passé quelque chose entre Wagner et Walken. Mais nous ignorons s'il s'agissait d'une discussion orageuse ou s'ils étaient simplement en train de plaisanter.»

Le lendemain, des amis de Robert Wagner, qui n'avait fait aucune apparition en public depuis le drame, décidèrent que les bruits avaient trop duré. Ils firent circuler une contre-rumeur auprès des journalistes. Il n'y avait pas eu de querelle à bord mais Natalie Wood ne parvenait pas à dormir parce que le dinghy frappait contre la coque du yacht. Elle était montée sur le pont pour raccourcir l'amarre, avait glissé et était tombée à la mer.

Cette théorie ne me paraissait pas invraisemblable, d'autant qu'elle expliquait la tenue de nuit. Mais, pour Paul Miller, notre expert, elle comportait une faille. Il possédait un dinghy semblable et, d'après lui, les boudins de caoutchouc du canot pneumatique ne faisaient pratiquement pas de bruit en heurtant la coque du bateau. D'autres marins n'étaient pas d'accord avec lui sur ce point. Selon eux, les heurts pouvaient être amplifiés jusqu'à devenir gênants pour une personne qui se trouvait à l'intérieur du bateau.

J'appelai Miller pour lui demander ce qu'il avait découvert jusqu'à présent.

– Pour commencer, répondit-il, j'ai fait un examen préliminaire du yacht et du canot et j'ai les réponses à vos questions fondamentales.

J'écoutai avec l'attention qu'on imagine.

– Il n'y a pas eu meurtre, déclara Miller. Aucune trace de lutte, ni sur le yacht, ni sur le dingy. J'ai effectivement retrouvé sur le flanc bâbord du canot des marques d'ongles indiquant qu'elle a essayé de se hisser sur l'embarcation.

– Et les barreaux immergés de l'échelle?

– Les algues étaient intactes. À aucun moment, elle n'a tenté de remonter à bord du yacht.

J'étais en train de réfléchir à cette révélation lorsque Miller enchaîna:

– Mais ce n'est pas le point intéressant. L'essentiel, c'est la manière dont elle a péri.

– Que voulez-vous dire?

– Tout le monde, y compris vous-même et R.J. Wagner, semble d'accord pour dire qu'elle est tombée dans l'eau près du yacht et qu'elle s'est noyée là. C'est inexact.

– Mais enfin, expliquez-vous, Miller!

– Si tel avait été le cas, reprit Paul Miller, jamais le dinghy n'aurait été retrouvé à un mille d'Isthmus Bay. Il ne pouvait s'échouer à cet endroit qu'à une condition: *que Natalie Wood l'y ait amené.*

Un court instant de silence, puis je demandai:

– D'après vous, elle aurait conduit le canot jusque-là et serait ensuite tombée à l'eau?

– C'est un peu plus compliqué que cela, répondit Miller. Je rédige mon rapport et je vous l'apporte. Vous comprendrez en voyant l'enchaînement des faits.

Je raccrochai, curieux de connaître le rapport de Miller et m'interrogeant sur les révélations qu'il pouvait faire apparaître. Mais, simultanément, un autre problème me préoccupait. L'enquête allait visiblement mettre des faits nouveaux en lumière. Or j'étais déjà en butte à de violentes critiques pour avoir révélé trop de détails lors de ma conférence de presse de la veille. En fait, la presse avait fait un récit de la conférence tel que c'était moi et non Wilson qui semblais avoir levé le voile sur l'information rapportée par un enquêteur de police. À savoir, la fameuse querelle. Le *Los Angeles Times* écrivait: *L'interrogatoire des personnes présentes, déclare Noguchi, a fait apparaître qu'au moment où les trois passagers du yacht ont regagné le bord..., «un différend dépourvu de violence» a opposé Wagner et Walken.*

La nouvelle mit Hollywood en ébullition. D'après les échos qui me parvinrent, il semble que de nombreux membres de la colonie cinématographique mettaient en doute les déclarations de Wagner et pensaient que ce qui c'était passé sur le yacht la nuit du drame allait beaucoup plus loin que le simple «différend». Les histoires scandaleuses et les fables les plus folles concernant une prétendue affaire de mœurs se répandirent comme une traînée de poudre.

Une expérience de treize ans en tant que directeur de la brigade médico-légale du comté de Los Angeles, de même que mes activités antérieures, m'avaient largement habitué à ce genre de rumeur. En fait, mon apprentissage avait débuté avec l'affaire Marilyn Monroe. Pour de nombreuses personnes, Hollywood est une capitale du péché, peuplée de «vamps» et de «beaux mâles» aux comptes en banque trop bien garnis et perpétuellement en quête de nouveaux «frissons». C'est ainsi que les gens sont toujours prêts à croire le pire. Sans parler d'une nouvelle génération de petits journaux à sensation – *The Enquirer, Globe* et *Star* – qui ont considérablement alimenté cet état d'esprit dans le public et en ont tiré des profits substantiels.

Il y a certes une petite part de vérité dans cette vision de Hollywood, mais les feuilles à scandale l'amplifient en lui donnant des proportions rocambolesques. En tant que coroner, j'ai enquêté sur toute sorte de morts dues à des affaires de mœurs, depuis le sadisme à l'auto-érotisme en passant par toutes les extravagances inimaginables. J'ai eu une expérience professionnelle très diversifiée. Pourtant, dans le cas qui m'occupait, je croyais Robert Wagner. Il était le mari de Natalie Wood depuis des années. La nuit même du drame, ils avaient joyeusement dîné au champagne au *Doug's Harbor Reef*. Le scandale ne semblait pas faire partie de leur vie. Certes, toute femme peut avoir des emportements à l'égard de son mari et, d'après les témoignages, lorsque Natalie Wood était dans de telles dispositions, elle avait l'habitude de disparaître seule. «Pour prendre le large», comme elle le disait.

La fièvre monta encore de quelques degrés lorsque ceux qui croyaient Wagner volèrent à sa rescousse, et je devins leur cible de prédilection. Le mercredi suivant, par exemple, la première page du *Times* titrait : L'HYPOTHÈSE

D'UNE QUERELLE AVANT LA MORT DE NATALIE WOOD EST MAINTENANT MISE EN DOUTE. L'article qui suivait commençait ainsi :

> Hier mardi, un inspecteur de la brigade criminelle mettait en cause les affirmations du coroner selon lesquelles un différend orageux opposait Robert Wagner et Christopher Walken au moment où l'actrice s'est noyée.
>
> « J'ignore de qui le coroner tient cette information, nous a déclaré l'inspecteur Roy Hamilton. Nous avons questionné Wagner et Walken, et rien ne nous a permis de soupçonner un quelconque différend. »

Mais c'est une autre citation de Hamilton qui me porta le coup le plus douloureux. D'après le *Times*, il disait : « Je pense qu'il (Thomas T. Noguchi, coroner du comté de Los Angeles) a un peu forcé la dose. »

Je n'en étais pas au premier affront de ce type. J'avais même essuyé pire en 1969, lorsque le conseil d'administration du comté avait cherché à me limoger. À l'époque, les accusations portées contre moi étaient tellement risibles que les citoyens de Los Angeles se rallièrent à ma cause. Tous les chefs d'accusation furent réfutés pour « absence de fondement ». Je conservai mon poste et les douze années qui suivirent furent bénéfiques pour le service médico-légal de Los Angeles. Un nouvel institut médico-légal fut construit sous ma supervision. La ville acquit la réputation d'un grand centre moderne dans le domaine de la recherche médico-légale. Et, un mois avant la mort de Natalie Wood, les médecins légistes du pays m'avaient élu futur président de leur association nationale.

Puis il y avait eu le décès de William Holden. Et j'avais dit la vérité. Le taux d'alcoolémie était l'un des facteurs de sa mort. Les amis de l'acteur protestèrent, disant que j'aurais dû laisser ce point sous silence. Maintenant, deux semaines plus tard, Natalie Wood disparaissait dans des circonstances tragiques. Non seulement j'avais rendu public le résultat de la prise de sang, mais j'étais accusé de «forcer un peu la dose» en répondant aux questions concernant un différend qui avait été rapporté non par mes services mais par ceux du shérif.

Les contestations soulevées par les circonstances de la mort de Natalie Wood allaient prendre des proportions inattendues et se transformer en mise en cause de mon travail. Certaines personnalités de Hollywood, qui n'avaient pas encore avalé le rapport de l'affaire Holden, saisirent l'occasion pour me frapper durement. Je fus traité de «coroner cabotin» dans le *Times*. Frank Sinatra écrivit au conseil d'administration du comté une lettre disant que les coroners étaient payés pour faire leur travail, pas de l'esclandre. Le syndicat des acteurs envoya également un télégramme stigmatisant mon «atteinte au principe de respect de l'intimité».

Lorsque Paul Miller me transmit son rapport, je décidai de ne rien dire à la presse. Il contenait des détails que les médias auraient immédiatement qualifiés de «morbides» et de «déplacés». Et il ne modifiait en rien mes conclusions de coroner selon lesquelles la mort était due à une noyade accidentelle. Pour éviter d'alimenter l'indignation, je fermai le rapport et le classai – à contre-cœur – sans en révéler la teneur. C'est dans ce livre que, pour la première fois, je lève le voile sur les faits permettant de reconstituer les derniers moments de la vie de Natalie Wood. L'histoire qui suit est à la fois tragique et empreinte d'héroïsme.

***

En lisant ce rapport aujourd'hui, je revois Isthmus Bay, noire, menaçante dans la nuit, et la pluie froide fouettant le pont des bateaux ballottés par la mer. Je revois aussi le jour où Miller m'apporta ce rapport. Nous nous tenions dans mon appartement de Marina del Rey, face à cet océan dont les flots se fracassaient à cinquante kilomètres à l'ouest contre les côtes de Santa Catalina.

Le visage grave, Miller se pencha vers moi.

– Vous vous êtes trompé, Tom, me dit-il. Natalie Wood n'est pas morte comme vous le pensiez. Elle avait de la classe.

Il me fit un croquis d'Isthmus Bay indiquant le point d'amarrage de chaque bateau, y compris du *Splendour*. Puis il traça une flèche qui partait de l'ouest, traversait les chaînes montagneuses de l'île et aboutissait aux bateaux mouillés dans l'anse.

– L'élément à retenir est l'entonnoir de vent, dit-il.

Je connaissais le phénomène auquel il faisait allusion. J'en avais pris connaissance trois ans plus tôt en me rendant avec lui dans l'île. Le lit du vent prend Santa Catalina par l'ouest. En traversant les montagnes, il se concentre pour former un entonnoir aboutissant à l'anse où le yacht des Wagner était amarré. Le *Splendour* était bout au vent, de même que le dinghy amarré à sa poupe par un filin.

– Lorsqu'elle a détaché le filin, poursuivit Miller, le canot aurait dû être poussé vers la mer en direction du continent. Il ne pouvait pas de lui-même décrire un angle droit et retourner vers la côte de Santa Catalina avec le vent de travers. Souvenez-vous qu'un bateau pneumatique sur la mer se comporte exactement comme un ballon poussé par le vent.

***

Il faisait froid cette nuit-là lorsque Natalie Wood, simplement vêtue d'une chemise de nuit, de chaussettes de laine et d'une veste de duvet, sortit sur le pont du *Splendour* et descendit l'échelle au bas de laquelle était amarré le canot. Avait-elle décidé de s'éclipser dans un mouvement de colère contre son mari? Des indices, tels les marques d'ongles sur les flancs du dinghy, l'éraflure de sa joue, les algues intactes sur les barreaux immergés de l'échelle, semblent montrer qu'au moment où l'accident est survenu, elle ne cherchait pas simplement à réajuster le filin mais bien à embarquer dans le canot.

Mais la reconstitution établie par Miller faisait naître une troisième possibilité d'explication qui, selon mon interprétation, confirmait la version des faits donnée par Wagner. À cause de cet entonnoir de vent, l'embarcation détachée – pour quelque raison que ce fût – dut être poussée vers la mer et s'éloigner du bateau. Il est tout à fait possible qu'au lieu de vouloir monter à bord du canot, Natalie Wood ait essayé de le rattraper et ait perdu l'équilibre à ce moment.

Quelle qu'ait été son intention, elle tomba et l'eau glaciale se referma sur elle. Mais, lorsque sa tête remonta à la surface, elle ne se sentit vraisemblablement pas en danger. Elle devait encore se trouver à moins d'un mètre du yacht. En outre, la lésion superficielle à l'intérieur de son bras droit indique qu'elle s'était accrochée au flanc du dinghy, sachant que celui-ci lui permettrait de se maintenir à la surface le temps de reprendre son souffle.

Ensuite seulement, elle dut comprendre – mais trop tard – qu'un phénomène inattendu était en train de se produire. Le dinghy s'éloignait rapidement du yacht. Dix mètres, vingt mètres, trente mètres... Elle n'avait pas tenu compte de la puissance du vent. Moins d'une minute après, le dinghy était si loin du *Splendour* qu'elle ne pouvait plus le rejoindre à la nage.

C'est alors qu'elle dut appeler à l'aide mais, à bord du yacht, personne ne l'entendit. Le hurlement des haut-parleurs couvrait les cris désespérés qu'elle poussait au milieu des flots sombres et agités. Mlle Wayne et son ami furent les seuls à percevoir quelque chose. Mais, regardant vers l'eau, ils ne distinguèrent rien dans la nuit noire. De plus, ils crurent entendre, sur un bateau voisin, quelqu'un dire qu'il arrivait à la rescousse.

À ce stade, la peur commença, sans nul doute, à s'emparer de Natalie Wood. On n'entendait pas ses appels. Aucune lumière n'éclairait la mer. Aucun bateau ne venait à son aide. Pourtant, grâce au canot, elle ne se sentait pas réellement en péril. Elle pouvait se hisser à bord, faire partir le moteur et regagner en quelques minutes la chaleur réconfortante du *Splendour*.

C'est en tentant d'embarquer dans le canot qui représentait son salut qu'elle dut subir l'épreuve la plus terrible. Elle n'y parvenait pas. Les boudins de caoutchouc étaient d'une part ronds et glissants, d'autre part trop gros. Même dans de bonnes conditions, il lui eût été difficile de basculer le corps entier pardessus l'un d'eux pour atterrir au fond de l'embarcation. Ici, l'autopsie révèle qu'elle passa probablement à l'arrière du canot pour utiliser le moteur comme point d'appui. Il y avait, sous le moteur, une armature métallique dans laquelle il était possible de mettre le pied. Les nageurs utilisent fréquemment la technique suivante : ils se positionnent dos à l'embarcation, passent un bras autour du moteur, placent un pied sur la pièce de métal et poussent pour grimper dans le canot. Les lésions observées derrière les mollets de Natalie Wood donnent à penser qu'elle a essayé ce système.

Mais ce fut sans succès. Impossible de se hisser à bord du pneumatique. Plusieurs fois, elle dut essayer frénétiquement de s'arracher à la mer mais le poids de sa veste l'empêchait de réussir.

Finalement, voyant que le dinghy l'entraînait vers le large, elle comprit que sa vie était réellement en danger. Elle risquait de se noyer dans cette eau glaciale ou de mourir d'hypothermie (abaissement de la température du corps). Que pouvait-elle faire?

En cette froide nuit de novembre, perdue au milieu des vagues, Natalie Wood lutta contre la mort. Elle ne se laissa pas aller. Au contraire, elle accomplit un exploit remarquable, tant par la performance réalisée que par le courage déployé. Et elle passa très près du miracle.

Accrochée à son petit bateau que le vent chassait vers le large, le corps déjà engourdi par le froid, elle se mit à battre des pieds et à brasser l'eau à l'aide de sa main libre.

Et elle réussit. Le canot cessa de filer vers le large. Lentement, très lentement, il repartit vers les côtes de l'île, et le salut.

Un courant moyen d'un nœud (1,852 km/h) passait à cet endroit, se déplaçant vers le sud. Accrochée au flanc du canot, Natalie Wood le poussait vers la rive. Mais la dérive vers le sud l'éloignait d'Isthmus Bay et de ses yachts dont les lumières brillaient dans le lointain. En fait, l'anse se trouvait maintenant dans son dos. Mais elle se rapprochait de la côte : quatre cents mètres, trois cent cinquante mètres… Si elle tenait bon, elle allait y parvenir.

Le froid et l'engourdissement s'emparaient de tout son corps. La veste la tirait vers le fond. Le poids du vêtement était de plus en plus lourd pour ses forces amoindries. Luttant contre les éléments, elle distinguait maintenant l'anfractuosité rocheuse. Blue Cavern Point. Il n'y avait pas de bateaux à cet endroit mais c'était un abri contre son ennemi : le vent. Plus que quelques minutes. Il fallait continuer à nager.

Malgré sa ténacité et son courage, la jeune femme perdit son combat contre la mort à moins de deux cents mètres du rivage. L'hypothermie eut raison de ses forces, puis de sa conscience. Sa prise sur le canot se relâcha. Elle s'enfonça dans l'eau et périt noyée.

Quelques minutes plus tard, le pneumatique qu'elle avait vaillamment manœuvré sur près d'un mille s'échouait sur le rivage.

2

La genèse d'une vocation

Alors même que les controverses sur les circonstances de la mort de Natalie Wood commençaient à s'apaiser, les attaques contre moi se multipliaient. J'avais, disait-on, «exploité» sa mort et celle de William Holden. Brusquement, je compris que j'allais entrer dans la crise la plus grave de ma vie professionnelle. Les critiques émanaient non seulement de la communauté hollywoodienne, soucieuse du respect de l'intimité, mais également de personnalités publiques gênées par la façon dont je menais mon travail. Étais-je, comme le prétendaient certains, un «dilettante» qui «forçait la dose» pour sa «publicité personnelle» ou, tout simplement, un médecin légiste qui se battait pour un principe?

Tel était le débat. Et la manière dont il fut tranché allait me conduire au bord de l'abîme, après vingt et un ans de carrière au service de la justice. Je confesserai même que, dans les premiers temps de ma lutte juridique, il m'arriva de me demander si j'avais bien fait de quitter la patrie de mes ancêtres: le Japon. Mais, dans ces moments de doute, le souvenir de mon père était là pour me redonner courage.

Wataru Noguchi était issu d'une famille paysanne habitant la petite île de Shikoku. Bien que l'ère des shoguns eût officiellement pris fin en 1867, l'influence du système des castes était encore prépondérante au Japon. Qui était né paysan restait paysan. Et qui était né samouraï restait samouraï. (Tomika Narahashi, mon grand-père maternel, était samouraï et première épée du seigneur d'Oita, un district de l'île de Kyushu.) Chacun devait accepter son héritage, quel qu'il fût.

Mon père, pourtant, refusa le sien. Il avait décidé d'être artiste. Ses parents furent atterrés lorsqu'il abandonna la ferme de ses ancêtres et partit pour Tokyo. En tant que fils aîné, c'était lui qui devait hériter de la terre. En 1910, il la légua aux membres de sa famille et s'en alla vivre sa vie.

À cette époque, les artistes étaient souvent dépeints comme des gens bohèmes et des traîne-misère. Ces épithètes ne convenaient pas à mon père, loin de là.

Enfant, les rapports que j'avais avec lui étaient très formels, comme le voulait la tradition japonaise. Par exemple, lorsque j'avais quelque chose à lui dire, je demandais :

– Puis-je parler, honorable père?

– Oui, tu le peux, me répondait-il.

Mais, chose incroyable dans le Japon de ces années-là, mon père était, à sa façon, un authentique esprit libertaire.

Un jour, un petit garçon s'approcha de lui en pleurant ; il avait une impureté dans l'œil. Malgré tous ses efforts, mon père ne parvint pas à le soulager. En désespoir de cause, il accompagna le gamin chez un médecin qui, d'une simple goutte de collyre, fit disparaître la douleur.

Cet incident donna à mon père l'occasion de découvrir un autre champ de connaissances. Élevé comme un paysan, il avait déjà brisé la gangue, était devenu artiste et peignait des huiles dans le style impressionniste. Il découvrait maintenant les merveilles de l'art de guérir et voulait en savoir plus. À l'âge de trente-trois ans, il décida d'entrer à l'école de médecine. Il y entra. Il avait quarante ans lorsqu'il obtint son doctorat. Mais le problème de l'âge ne l'arrêtait pas plus que ne l'avait fait le système des castes plusieurs années auparavant. On lui offrit le poste de chef du service d'ophtalmologie-ORL de l'hôpital Kyasaï-kaï de Yokosuka. En 1940, il ouvrit son cabinet privé dans cette même ville.

Né à Fukuoka en 1927, j'avais alors treize ans. Tout au long de ma scolarité, un curieux mélange d'intelligence et de dissipation mit à rude épreuve la patience de mes maîtres. Mais j'obtenais de bons résultats et, comme j'idolâtrais mon père, je décidai de devenir, moi aussi, médecin.

Un autre facteur intervint dans cette décision. Mon jeune frère Kazuo souffrait de paraplégie congénitale. Pendant des années, je fis cinq kilomètres aller et retour pour le conduire à l'école sanglé sur une bicyclette que j'avais spécialement aménagée. Je l'aidais également à se déplacer à l'intérieur de l'école car il était incapable de se débrouiller seul. Je m'imaginais qu'en devenant médecin, je pourrais trouver un remède à cette mystérieuse maladie. C'est alors qu'un autre événement se produisit, toujours l'année de mes treize ans. Cet événement allait avoir un effet durable sur moi et, finalement, exercer une influence décisive sur mes choix professionnels.

Un jour, mon père me demanda de passer prendre une bricole à la maison et de la lui apporter à son cabinet. Lorsque j'arrivai, il était en train de soigner un jeune homme. Je m'assis dans l'antichambre pour attendre qu'il ait terminé.

Soudain, un bourdonnement électrique me fit sursauter. L'infirmière de la réception se leva et se précipita dans le cabinet de consultation. Par la porte ouverte, j'entendis des hoquets et halètements épouvantables. Je bondis dans le cabinet. Le patient était allongé sur le sol. À genoux près de lui, mon père lui faisait du bouche-à-bouche. Puis il cessa. J'approchai et observai le corps totalement inerte. J'avais compris. C'était la première fois de ma vie que je voyais un cadavre.

Plus tard, je sus ce qui était arrivé. Le jeune homme souffrait d'un phlegmon à la gorge. Mon père avait appliqué le remède classique à l'époque : il lui avait tamponné la gorge avec une solution iodée. Mais le patient avait commencé à suffoquer et s'était effondré. Presque immédiatement, il était tombé dans un coma irréversible.

Ce qui suivit dut être l'une des périodes les plus tourmentées de la vie de mon père. Les parents du jeune homme portèrent plainte pour incurie médicale, prétendant que leur enfant avait été étouffé par le tampon de coton utilisé pour le traiter. Le procureur du district reçut la plainte et mon père fut accusé d'avoir utilisé un tampon de coton mal préparé qui avait provoqué la mort de son client. Aux termes du Code pénal japonais, s'il était reconnu coupable, il pouvait être condamné à une peine de prison.

On imaginera facilement l'émoi qui s'empara de notre famille. Nous étions tous persuadés que, sans une ombre de preuve, le procureur avait déjà condamné mon père. Pour nous, cet homme qui, sa vie durant avait été un exemple de droiture, allait subir l'infamie de la réclusion.

Le Japon était encore très en retard dans le domaine de la médecine légale. L'autopsie n'était pratiquée que dans de rares cas, et presque toujours sur requête de la famille du défunt. Le Japon de l'époque ignorait ce qu'était un médecin légiste, encore plus un coroner. Mon père créa l'événement en demandant une autopsie alors que la famille du jeune homme ne l'avait pas fait. Il déclara aux autorités qu'il se plierait aux conclusions de cette autopsie, même si elles le conduisaient en prison.

L'autopsie eut donc lieu. Elle fut pratiquée par l'un des médecins les plus renommés de Yokosuka. L'examen de la gorge et des poumons ne révéla aucune trace de fibres de coton. En fait l'autopsie fit apparaître que le patient était mort d'une réaction allergique à l'iode, réaction imprévisible car il n'avait jamais présenté d'antécédents allergiques à ce produit. Les chefs d'accusation retenus contre mon père tombèrent du même coup. Et l'affaire laissa dans l'esprit d'un garçon de treize ans une impression indélébile concernant l'importance de la médecine légale.

Je reçus une autre leçon appréciable durant les derniers mois de la guerre avec l'Amérique. En mars 1945, j'avais dix-huit ans et j'étais en classe de terminale lorsque les stridulations d'une alerte aérienne déchirèrent le ciel de Tokyo. Bientôt la mitraillade des canons de DCA se fit entendre dans le lointain. Le professeur se leva, courut à la porte et nous fit signe de le suivre.

En levant la tête, je voyais le ciel à travers le toit de la classe, qui avait été détruit lors d'un raid précédent. Les cours avaient lieu dans les décombres. Le professeur ainsi que les élèves portaient un casque et des épaulières.

Presque chaque jour, les sirènes se mettaient à hurler pendant les heures scolaires. Ce jour-là, je sortis en courant sur les traces du professeur. Comme d'habitude, nous allions nous réfugier dans les tranchées que nous avions creusées autour de la cour du collège.

Les explosions tonitruantes se rapprochaient. Je bondis dans une tranchée, juste à côté de notre auguste professeur. Jamais je n'oublierai le courage et le sang-froid de cet homme. Au milieu des déflagrations, il s'assit, adossé au muret de terre, et entreprit de noter des devoirs aussi paisiblement que s'il se trouvait chez lui dans son bureau.

La guerre se termina avec la destruction affreuse d'Hiroshima et de Nagasaki. Puis nous fûmes «envahis» par l'armée d'occupation américaine. Pendant la guerre, les films de propagande japonais décrivaient les Américains comme des «singes» ou des «monstres». Ceux qu'il me fut donné de rencontrer se montraient pourtant ouverts, amicaux, toujours prêts à plaisanter. Drôles d'ogres, en vérité. Je m'aperçus finalement que j'aimais ces gens rieurs et possesseurs d'une technologie si avancée qu'ils avaient dominé le Japon avec une facilité déconcertante.

Après la guerre, toujours décidé à devenir médecin, je m'inscrivis à l'École médicale nipponne. Mais, me souvenant de ce qui était arrivé à mon père, je voulais également apprendre le droit. Je suivis donc un cursus sans précédent. En 1948, l'année suivant mon inscription en médecine, je m'inscrivis aussi en droit. La période qui suivit compta parmi les plus trépidantes de ma vie. J'étudiais la médecine le jour et le droit la nuit. Aujourd'hui encore, je me demande comment je réussis à le faire. En 1951, j'entrai comme interne au CHU de Tokyo. Mais, déjà, un autre rêve se formait dans mon esprit. Je voulais aller en Amérique.

Pourquoi voulais-je ainsi modifier le cours de ma destinée? J'aurais pu reprendre le cabinet paternel et mener au Japon une carrière de médecin aisé. Mais la réussite professionnelle de mon père ne m'incitait pas à suivre la voie tracée. Inconsciemment, je voulais l'imiter, mais sur un autre plan: celui de l'innovation. Il avait fait tomber nombre de barrières en quittant sa famille pour devenir d'abord artiste peintre, ensuite médecin. Je voulais, moi aussi, conquérir des horizons nouveaux. Et, surtout, j'étais fasciné par les merveilles de la science. Or, en 1952, il ne faisait aucun doute pour moi que les États-Unis étaient les leaders mondiaux dans le domaine scientifique.

Lorsqu'ils connurent mon intention, mes parents furent ébahis. Je suis sûr que mon père éprouva une déception énorme en voyant que je ne voulais pas reprendre le cabinet qu'il avait mis tant d'années à faire prospérer. Mais, une fois ma décision prise, ni mon père ni ma mère ne tentèrent de me faire changer d'avis. C'est d'autre part que le découragement faillit venir, lorsque je posai ma candidature comme interne dans deux cents hôpitaux des États-Unis. Mon curriculum vitæ faisait apparaître d'excellents résultats. Pourtant, un seul établissement me répondit: l'hôpital général du comté d'Orange, en Californie. Je fus embauché et, en 1952, je m'envolai pour la première fois vers le Nouveau Monde.

Je n'ai jamais regretté ma décision de choisir l'Amérique comme patrie d'adoption, même lorsque je découvris que le gouvernement des États-Unis ne s'était pas conduit de façon juste avec ses citoyens d'origine japonaise. Parmi ceux-ci se trouvait une très jolie fille, Hisako Nishihama. Elle était étudiante de première année à l'UCLA (Université de Californie à Los Angeles) lorsque sa famille fut arrachée de son domicile de Los Angeles et placée en camp d'internement pendant toute la durée de la guerre.

Hisako et moi tombâmes amoureux l'un de l'autre et nous nous mariâmes le 31 décembre 1960. À l'époque, j'étudiais la pathologie clinique et anatomique. Je m'étais en effet découvert une passion pour la recherche scientifique. Si j'avais suivi mon penchant naturel, je me serais orienté vers la pathologie. Mais, depuis la mésaventure de mon père, je m'étais fixé un autre objectif: pratiquer la médecine légale.

Il y avait pourtant un problème et mes confrères me mirent rapidement au courant. La plupart des médecins légistes étaient des fonctionnaires et, en optant pour cette carrière, je me résignais à avoir des revenus modestes toute ma vie. Mais le peu de cas que l'on faisait de la médecine légale était pour moi une motivation. Il y avait, justement, quelque chose à faire dans ce domaine. À la vérité, la médecine légale avait un besoin presque tragique d'hommes compétents, capables de la porter au niveau de qualité nécessaire à l'accomplissement de son rôle.

C'est ainsi qu'en 1960, je postulai pour un emploi dans les services du coroner de Los Angeles. On me confia un poste de médecin légiste adjoint. Malgré les locaux sinistres et le salaire peu attrayant, je compris vite que j'avais fait le bon choix. La médecine légale était sans doute la plus captivante des disciplines médicales et son histoire, tout à fait pittoresque, remontait à l'époque de Robin des Bois.

La médecine légale vit le jour avec un crime qui secoua l'Europe en 1192. C'est à cette époque que certains chevaliers du royaume d'Angleterre furent investis d'un nouveau titre, celui de coroner.

Retour de la Troisième Croisade, le roi Richard Cœur de Lion fut fait prisonnier par le duc d'Autriche qui demanda pour sa libération une rançon colossale. Le trésor royal ne suffisait pas pour payer pareille somme. Il semblait bien que Richard et son cœur de lion fussent perdus.

Face à cette crise, le *deus ex machina* ne fut pas le légendaire Robin des Bois mais un homme portant le nom plus prosaïque de Hubert Walter, qui exerçait les fonctions de juge suprême de la cour. Hubert Walter s'efforça par tous les moyens de collecter l'argent de la rançon et, pour ce faire, il institua une nouvelle source de revenus : les cadavres. Dans chaque comté, il désigna un chevalier auquel il donna le titre de coroner (tiré du latin *coronae custodium regis:* « gardien des plaids royaux »). Les plaids royaux avaient trait à l'argent et voici comment les coroners de l'époque en fabriquaient avec les cadavres.

En ce temps-là, les criminels reconnus coupables étaient généralement pendus ou éliminés selon d'autres procédés non moins enviables. Le coroner confisquait alors leurs biens au profit du trésor royal. Parfois, ils allaient jusqu'à vendre l'arme du crime, si elle avait de la valeur. Mais ils avaient une autre méthode pour monnayer les morts et c'est cette dernière qui intéresse les historiens de la médecine car elle est à l'origine de la médecine légale.

L'Angleterre d'alors était peuplée par un mélange de citoyens normands et saxons. Les Saxons étaient considérés comme les habitants légitimes du pays tandis que les

Normands faisaient figure d'étrangers. Ainsi, le meurtre d'un Normand par un Saxon n'était pas répréhensible aux yeux de la justice royale. En revanche, ceux qui tuaient un Saxon s'exposaient à des ennuis. Il s'agissait donc de *prouver* que la victime n'était pas un Saxon, faute de quoi le village entier était condamné à payer une lourde amende. Cette amende portait le nom de *murdrum*, dont l'étymologie se rattache à celle du mot *murder* (meurtre). Afin de déterminer si la collectivité était passible de l'amende, les coroners menaient des enquêtes dans les cas de morts suspectes. Ces enquêtes constituaient le balbutiement de la profession que nous exerçons aujourd'hui. Avec le temps, d'autres organes furent mis en place, avec pour tâche de recouvrer les amendes et de lever l'impôt. Mais les coroners continuèrent à enquêter sur les morts mystérieuses.

Le développement de la *médecine légale* en tant que telle eut lieu sur le continent européen. En 1621, le «père de la médecine légale», Paulo Zacchias, qui avait été nommé médecin du pape au Vatican, publia un manuel intitulé *Questions médico-légales* dans lequel il analysait sous l'angle médical différentes affaires entendues par le tribunal pontifical. Pendant des siècles, son livre servit d'ouvrage de référence en la matière. Mais, en Angleterre, la médecine légale n'était pas reconnue par la Faculté. C'étaient des officiers civils et non des médecins qui occupaient les postes de coroner.

C'est sous cette forme que la fonction de coroner fut exportée vers le nouveau continent appelé Amérique. En fait, pendant des centaines d'années, la seule condition à remplir pour postuler un emploi de coroner dans ce pays était de ne pas avoir été condamné à une peine de prison. Mais l'Amérique ne cessait de croître. Les villes de quelques dizaines de milliers d'habitants devinrent des centres urbains regroupant des millions de résidants. Les morts inexpliquées, les homicides, les suicides se multiplièrent dans les mêmes proportions. Finalement, en 1912, le Massachusetts fut le premier État de l'Union à voter un statut définissant la fonction de médecin légiste et à confier les postes de coroners à des médecins.

Progressivement, des lois similaires furent promulguées dans les autres États, y compris la Californie (en 1956). La médecine légale avait parcouru une longue route depuis les pratiques des chevaliers saxons et les théories d'un médecin du Vatican. Le rôle de la médecine légale moderne peut se définir ainsi : rechercher la cause des décès survenus de façon inexpliquée, particulièrement lorsqu'un acte criminel est suspecté. Et, aujourd'hui, le champ de cette science s'est encore étendu pour englober plusieurs domaines spécialisés.

Le pathologiste détermine la cause du décès en dirigeant l'examen du corps, des tissus et des sécrétions. D'autres experts exerçant dans des disciplines différentes travaillent sous sa supervision.

1) La criminalistique est la branche qui examine les indices tels traces de peinture, sol, cheveux, vêtements, de même que les armes de toute nature.

2) La toxicologie détermine et interprète la présence de poisons, de drogues et de produits chimiques toxiques dans les tissus, le sang et autres éléments liquides de l'organisme.

3) L'histologie étudie les modifications structurelles des tissus humains causées par la violence ou la maladie.

4) L'odontologie et l'anthropologie aident à identifier les corps grâce à l'examen des dents ou des débris de squelettes.

Telles sont les différentes disciplines dont les spécialistes se regroupent et collaborent sous l'autorité du médecin légiste. En outre, certains services de médecine légale possèdent des experts en psychiatrie médico-légale, en microscopie, en examen de documents suspects, en ingénierie médico-légale, en jurisprudence médicale, etc.

Aujourd'hui, les instituts médico-légaux des grands centres urbains comportent de nombreux départements à l'intérieur desquels travaillent des enquêteurs qualifiés et/ou des médecins légistes qui se rendent sur les lieux des crimes pour y rechercher des indices.

Ainsi, à l'aide d'experts, de personnels compétents et de matériels de laboratoire, nous abordons chaque mort inexpliquée sous l'angle de nombreuses spécialités scientifiques. Nous pouvons de la sorte découvrir – et faire connaître à tous – des dangers allant de l'existence de capsules de Tylenol empoisonnées jusqu'à l'identité d'un meurtrier pensant peut-être avoir commis le «crime parfait».

Mais, à l'époque où j'entrai dans le service de médecine légale, il ne possédait ni cette équipe compétente, ni cette grande structure moderne. La brigade médico-légale de Los Angeles n'occupait que trois pathologistes à temps plein, une poignée de techniciens de laboratoire et quelques jeunes résidents à temps partiel qui suivaient des études pour devenir pathologistes.

Et c'est ce petit service qui reçut la dépouille la plus célèbre du monde.

3

AFFAIRE MÉDICO-LÉGALE N° 81-128

Marilyn Monroe

C'était incroyable. Le 4 novembre 1982, je me rendais en voiture au bureau du District Attorney de Los Angeles pour y être interrogé sur l'éventualité d'un meurtre. Rien d'extraordinaire à cela. Mais, ce qui l'était plus, c'est que ce meurtre éventuel avait été perpétré vingt ans plus tôt! L'affaire Marilyn Monroe n'avait jamais été officiellement close.

À cette époque, je n'étais plus directeur du service médico-légal de Los Angeles. J'avais été relevé de mes fonctions et la procédure d'appel que j'avais engagée afin d'être rétabli était en cours. Cependant, le District Attorney désirait me voir. C'était moi qui avais pratiqué l'autopsie de Marilyn Monroe. Or il apparaissait que les faits révélés par mon autopsie étaient à l'origine des suspicions de meurtre. D'après certains enquêteurs privés, mon autopsie *démontrait* que Marilyn Monroe avait été victime d'un acte criminel. Et cela en dépit des conclusions tirées par Theodore J. Curphey, docteur en médecine et médecin légiste-chef/coroner en 1962, selon lesquelles, sur la base de mon autopsie et de plusieurs autres révélations, Marilyn Monroe était décédée à la suite d'une absorption massive de Nembutal et de pilules d'hydrate de chloral. Jamais dans toute ma carrière, les conclusions d'un coroner ne furent discutées avec autant d'ardeur et pendant aussi longtemps.

Pendant vingt ans, je fus soumis à tant de questionnaires par tant de reporters effectuant des enquêtes que ma mémoire s'y perd. Nombre d'entre eux étaient persuadés que le sénateur Robert F. Kennedy était l'amant de Marilyn Monroe et qu'il l'avait fait tuer par piqûre. Ils mentionnaient des indices trahissant une opération de camouflage organisée par les autorités et prétendaient qu'un journal tenu par Marilyn Monroe avait mystérieusement disparu. Finalement, la pression publique avait pris de telles proportions que le District Attorney avait décidé de reprendre le dossier. Je me retrouvai donc dans un bureau, face à deux de ses adjoints. Ils ne tergiversèrent pas et en vinrent aux points qui, depuis des années, troublaient tous les enquêteurs. La première question fut :

– Si Marilyn Monroe avait avalé plusieurs dizaines de pilules somnifères, pourquoi n'en a-t-on pas retrouvé la trace dans son tube digestif?

Pendant que je répondais, mon esprit me ramena en 1962, alors que, médecin légiste jeune et impressionnable, je découvrais pour la première fois le corps de Marilyn Monroe. Un peu plus tard, on me demanda quelle apparence elle avait dans la mort. Je ne pus répondre qu'en citant Pétrarque :

Il est fou de trembler de peur, si c'est cela mourir.

Car la mort paraissait aimable sur son admirable visage.

Les adjoints du District Attorney me ramenèrent au présent avec une autre question :

– On dit que la couleur jaune du Nembutal aurait dû laisser des traces dans l'estomac. Pourtant vous n'avez remarqué aucune tache. Comment cela se fait-il?

De nouveau, je répondis mais, quelque part, au fond de mon esprit, je m'interrogeais. Que possédait donc cette splendide actrice qui, de son vivant, produisit tant de fascination – et tant de pleurs après sa mort? Pourquoi, si longtemps après, faisait-elle encore vibrer la sensibilité des Américains? À cause de sa beauté? De sa vulnérabilité? De son talent?

Ou bien à cause du mystère de ses étranges relations avec les séduisants frères Kennedy?

***

Des ballons s'envolaient au plafond de l'immense Madison Square Garden. Les orchestres jouaient, les éléphants barrissaient. De leur loge, le président des États-Unis et son éblouissante épouse regardaient la scène. C'était le 19 mai 1962, le quarante-cinquième anniversaire de John Kennedy. Mais le pôle d'attraction de la soirée n'était pas le jeune président. Les centaines d'invités attendaient l'apparition de la véritable star de la fête, du phénomène qui avait probablement le plus fait parler depuis les origines du cinéma, de la lumineuse actrice Marilyn Monroe.

C'est à Las Vegas que Marilyn Monroe et le président avaient fait connaissance cette année-là, par l'intermédiaire de leur ami commun Frank Sinatra. La star avait accepté de bon cœur de se produire à la cérémonie d'anniversaire de Kennedy. Mais, comme beaucoup d'Américains, les invités connaissaient tous la réputation de Marilyn. Elle avait l'habitude d'arriver en retard, un retard très inconvenant, parfois. Allait-elle faire attendre le président des États-Unis? Allait-elle le mettre dans une situation embarrassante?

Soudain, un doigt de lumière frappa un coin de la piste et elle apparut, montée en amazone sur un éléphant. Vêtue d'un fourreau lamé couvert de perles, elle s'avança vers un micro placé sur une estrade au centre de la vaste scène. Ce fut un délire dans l'assistance lorsque, de son inimitable voix d'enfant, entrecoupant son chant de respirations sensuelles après chaque syllabe, elle entonna:

Happy... birthday... to you...
Happy birthday... to you...
Happy birthday... dear Mister President...
Happy birthday to yoooou!

La tumultueuse ovation qui suivit fut le moment le plus chaleureux de la fête d'anniversaire présidentielle. Mais, pour Marilyn Monroe, le summum de la soirée fut probablement atteint plus tard, à l'occasion de la réception privée donnée par un important bailleur de fonds du parti Démocrate, Arthur Krim, des Artistes Associés. Car c'est là qu'elle rencontra pour la première fois Robert F. Kennedy, le frère du président.

Dans une lettre adressée à Mary Lasker, Adlai Stevenson décrivait la scène en ces termes:

> Permettez-moi de vous parler d'une périlleuse rencontre que j'ai faite hier soir : celle de Marilyn Monroe. Elle était simplement vêtue en « épiderme et verroterie », comme elle le dit elle-même. Personnellement, je n'ai guère remarqué la verroterie ! Cette rencontre, toutefois, ne put avoir lieu que lorsque j'eus réussi à percer les puissantes défenses mises en place par Robert Kennedy qui tournait autour d'elle comme un papillon de nuit autour d'une flamme.

L'historien Arthur Schlesinger était également présent. Il écrivit dans son journal :

> Je pense n'avoir jamais rencontré pareille beauté. J'ai été charmé par sa façon d'être et son esprit à la fois si discret, si ingénu et si pénétrant. Mais il se dégage d'elle une terrible sensation d'irréalité ; on croirait parler à une personne qui se trouverait sous l'eau. Bobby et moi nous sommes affrontés dans une parodie de compétition autour d'elle. Elle s'est montrée très liante avec lui et agréable avec moi. Mais ensuite, elle s'est retirée dans sa brume scintillante.

Cela paraissait bien anodin mais dans sa biographie, *Robert Kennedy et son temps*, Schlesinger en disait plus et contribuait à alimenter les rumeurs qui n'ont cessé d'entourer la mort mystérieuse de Marilyn Monroe. « Quelque chose d'à la fois magique et désespéré planait autour d'elle », écrivait-il.

> Avec sa curiosité, sa sympathie, sa réactivité directe face à la détresse, Robert Kennedy fit partie du petit nombre de gens qui percèrent la brume scintillante. Il la rencontra à nouveau à Los Angeles chez Patricia Lawford. Elle le rappela par la suite à Washington en utilisant un nom d'emprunt. Elle avait souvent l'air absent. Angie Novello (un employé du ministère de la Justice) s'entretint plus souvent avec elle que le ministre lui-même. Il semble que Robert Kennedy soit venu habiter les rêves de son dernier été. Elle raconta, songeuse, à son ami W.J. Weatherly, du *Manchester Guardian*, qu'elle pourrait bien se remarier avec un homme politique de Washington. Aucun nom ne fut prononcé. Un autre ami, Robert Slatzer, assure l'avoir entendu dire que Robert Kennedy lui avait promis de l'épouser. Commentaire de Weatherly: «Est-il possible que Kennedy ait accepté de briser pour elle sa carrière politique?»

Pour une génération de journalistes inquisiteurs, c'est précisément là que résidait la cause de sa mort.

L'un des plus effervescents parmi ces journalistes était Robert Slatzer, qui prétendait avoir été quelque temps l'époux de Marilyn, au début des années cinquante, et être resté son ami jusqu'au bout. Dans son livre *La Vie et l'étrange mort de Marilyn Monroe,* publié en 1974, Slatzer soutenait que, lorsque Robert Kennedy renia ses «promesses» de mariage, Marilyn Monroe était en position d'exercer un chantage sur lui au moyen d'un journal intime, lequel disparut mystérieusement après sa mort. Accordant foi à cette affirmation, Robert Speriglio, détective privé à Los Angeles, affirma qu'il avait enquêté sur la vie de Slatzer; il pensait qu'effectivement ce dernier avait été, comme il le prétendait, le mari de Marilyn Monroe. À l'issue de son enquête, Speriglio croyait, lui aussi, que l'actrice avait été tuée à cause de ce fameux journal.

Dans les vingt années qui suivirent la mort de Marilyn Monroe, les supputations et les théories sur le pourquoi et le comment de sa disparition ne cessèrent de se multiplier, de même que celles concernant l'assassinat du président Kennedy et de son frère Robert. La plus commune de ces théories parlait de meurtre destiné à la faire taire et à l'empêcher de briser la carrière politique de Robert Kennedy. Il y a vingt ans, pour moi, sa mort était un suicide – et elle l'est encore aujourd'hui – mais je reconnais qu'un certain nombre de questions troublantes sont restées sans réponse.

***

Norma Jean Baker naquit à l'hôpital général de Los Angeles d'une mère qui avait eu des antécédents de maladie mentale. Le père, un «motard» qui avait abandonné la mère avant la naissance, se tua trois ans plus tard dans un accident de la route. La mère fut envoyée en asile psychiatrique et la petite fille confiée à diverses familles de parents adoptifs qui allaient des ivrognes traîne-misère aux religieux fanatiques. Durant l'intervalle séparant ses séjours au sein des familles, elle passa plusieurs années dans un orphelinat de Los Angeles.

Ce fut la guerre qui la sauva. En 1942, on embauchait les femmes et les jeunes filles dans les entreprises qui travaillaient pour la Défense nationale. En obtenant un emploi dans une usine d'aéronautique, Norma Jean put s'arracher à la férule de ses parents adoptifs de l'époque. Elle rencontra et épousa rapidement James Dougherty qui, pour elle, représentait une forme de sécurité à long terme. Ses grands yeux gris-bleu, sa délicate chevelure blonde, sa silhouette épanouie attiraient les coups de sifflet admiratifs de ses collègues masculins. À la fin de la guerre, elle avait dix-neuf ans et des photographes commençaient à lui demander de poser pour eux.

Elle poursuivait toujours un rêve d'enfance. Lorsqu'elle commença à jouer de petits rôles, elle le confia dans les studios de RKO lors d'une interview accordée à James Bacon, un chroniqueur de l'Associated Press. Petite fille, elle avait vécu dans un foyer d'adoption près de ces studios. Ses parents adoptifs lui donnaient cinq *cents* par mois d'argent de poche, en échange de quoi elle faisait toutes les vaisselles.

– Ils avaient des enfants à eux, se souvint la jeune fille. Quand Noël arriva, on décora un grand arbre dans la maison et tout le monde reçut des cadeaux, sauf moi. L'un des autres enfants me donna une orange. Je me revois encore en train de manger cette orange toute seule. En levant les yeux, je voyais le château d'eau des studios de RKO. C'est ce jour-là, je crois, que j'ai décidé de devenir actrice, de rentrer dans ces studios. Et j'y suis, maintenant. C'est vraiment un rêve qui est devenu réalité.

Poussée par ce rêve, Norma Jean divorça en 1946 et se rendit à Hollywood. Elle n'était qu'une des innombrables jeunes femmes qui arrivaient là chaque année, sachant que, derrière ces grilles fermées, il était possible de gagner la gloire et des richesses incroyables, peut-être pas simplement grâce à un talent confirmé mais grâce à un «look», une silhouette, une inflexion dans la voix. Mais le succès ne vint pas en une soirée pour cette jeune femme qui se faisait maintenant appeler Marilyn Monroe. Il lui fallut attendre quatre longues années pour obtenir un rôle de figuration dans un film de gangsters intitulé *Quand la ville dort*. Les scènes où elle apparaissait étaient courtes mais électriques et les professionnels furent enchantés par sa beauté, sa sensualité et, en même temps, par une naïveté vulnérable qu'elle conserva toujours. Elle se fit remarquer par les chefs des studios. On lui confia des rôles plus longs et plus intéressants. Puis, en 1953, le scandale vint bousculer son ascension vers la position de star. On révéla qu'à l'époque où elle n'était encore qu'une starlette cherchant à percer, elle avait posé nue pour un calendrier.

Les directeurs de la firme cinématographique attendaient le tollé national. Mais, chose surprenante, les critiques ne se firent jamais entendre. On aimait Marilyn Monroe, et le reste ne comptait pas. Courageusement, elle soutint une conférence de presse face à des journalistes belliqueux. Pourquoi avait-elle posé nue? lui demandait-on. Marilyn Monroe répondit le plus simplement du monde:

– Parce que j'avais besoin d'argent.

Une journaliste, scandalisée, ne parvenait apparemment pas à croire qu'elle avait posé entièrement nue.

– Vous n'aviez strictement rien mis pour poser? s'enquit-elle, stupéfaite.

– Si, j'avais mis la radio.

Marilyn sourit et ce sourire gagna les cœurs. Contre toute attente, le scandale du calendrier l'érigea au rang de célébrité mondiale, qu'elle conserva sa vie durant. Au sommet de sa gloire, elle recevait chaque semaine des milliers de lettres, dont plusieurs dizaines contenaient des demandes en mariage. D'après le *New York Times*, les communistes l'accusèrent d'être un «truc» inventé par les capitalistes pour faire oublier au peuple américain la misère dans laquelle il vivait.

Et puis, quelque part en cours de route, les choses commencèrent à mal tourner. En 1954, elle épousa le joueur de baseball Joe DiMaggio, le sportif le plus célèbre du pays. Leur union ne dura que neuf mois. En 1956, Marilyn Monroe fit un autre mariage «de rêve», avec un intellectuel de premier plan, cette fois : l'auteur dramatique Arthur Miller. Ce «rêve» se termina également par un divorce, en 1960. En fait, au cours de cette période de prodigieux succès professionnel, de fausses-couches en mariages ratés, la vie personnelle de Marilyn Monroe fut une succession de déboires. Les médecins lui dirent qu'elle ne pourrait jamais avoir d'enfant.

Ce fut alors sa carrière qui connut le creux de la vague. Deux films, *Le Milliardaire* et *Les Misfits* obtinrent des résultats décevants au box-office. Elle entra alors en conflit avec sa firme, la 20th Century-Fox, au sujet de son film suivant *Something's got to Give*. Elle ne voulait pas le tourner. Mais la Fox, qui avait l'habitude de traiter sa star avec révérence, n'accepta pas, cette fois, de s'incliner devant ses désirs. Le message était clair et cuisant. Marilyn Monroe n'était plus ce phénomène du box-office qui pouvait se permettre de dicter sa loi.

Sur cette toile de fond déprimante, l'apparition des frères Kennedy dans sa vie dut lui sembler stimulante et magique. Les bons à rien de Hollywood pouvaient bien la rabaisser puisqu'on racontait qu'elle charmait le président des États-Unis. Ce fut ensuite le frère du président qui s'intéressa de près à elle et vint même lui rendre visite à Hollywood.

Le reste de sa vie ne fut plus que déconvenues. À court de liquidités, elle fut contrainte de vendre son riche cottage de Beverly Hills pour louer une maison plus modeste à Brentwood. Elle prenait tant de tranquillisants que son psychiatre commença à s'alarmer et se mit à appliquer un programme de réduction des doses. C'est alors que, pour on ne sait quelle raison, la lumière de sa vie – ses rapports avec les Kennedy – commença à vaciller. Elle se mit à passer des coups de fil «rêveurs» à Robert Kennedy puis, au bout d'un certain temps, ne parvint plus à l'obtenir.

À ce moment, Marilyn Monroe affichait un tel état dépressif que son psychiatre, le Dr Ralph Greenson, insista pour qu'elle prenne à son service une infirmière psychiatrique, Eunice K. Murray. Pourtant, la star remontait la pente. Elle avait contacté le directeur de la 20th Century-Fox pour reprendre le tournage interrompu de son film. Et elle envisageait sérieusement de se produire dans une comédie musicale de Broadway ainsi que dans un show géant de Las Vegas pour lequel on lui avait promis cinquante-cinq mille dollars par semaine.

C'est pourquoi, le 4 août 1962, Mrs Murray n'était pas réellement inquiète en voyant Marilyn Monroe se présenter pour le petit déjeuner.

– Du jus d'orange? dit la jeune actrice avec un sourire. Bonne idée.

Vêtue d'une robe de chambre bleue, elle s'assit face à l'infirmière, se servit du jus d'orange et commença à bavarder. Elle semblait étonnamment gaie. Puis soudain, elle posa à Mrs Murray une question qui la surprit:

– Y a-t-il de l'oxygène dans cette maison?

De l'oxygène? La maison n'était pas un hôpital. Mrs Murray dit qu'il n'y en avait pas puis interrogea Marilyn sur la raison de sa demande. Celle-ci répondit que c'était par pure curiosité.

Plus tard, dans la matinée, l'infirmière téléphona au Dr Greenson pour lui parler de cette étrange question. Greenson dit qu'il passerait et verrait cela avec Marilyn.

À midi, Mrs Murray entendit des éclats de voix dans le vestibule. Pat Newcomb, l'amie et agent de presse de Marilyn, avait passé la nuit dans la maison. Et, d'après ce que Mrs Murray put entendre, l'actrice était en colère parce que Pat Newcomb lui avait subtilisé ses somnifères et qu'elle n'était pas parvenue à fermer l'œil. Maintenant, l'infirmière comprenait pourquoi Marilyn avait fait irruption si tôt dans la cuisine. D'habitude, elle dormait jusqu'à midi. Mrs Murray entendit encore la porte claquer. C'était Pat Newcomb qui partait.

Le Dr Greenson passa, comme promis, dans l'après-midi, et s'entretint deux heures avec sa célèbre patiente. Il rapporta par la suite qu'elle était «désorientée» mais ne révéla jamais pourquoi Marilyn avait posé cette question au sujet de l'oxygène, pas même à l'heure de sa propre mort, quelques années plus tard.

Comme à l'accoutumée, Marilyn Monroe resta en robe de chambre toute la journée, passant la majeure partie du temps sur son lit, à bavarder au téléphone. Aucun indice alarmant ne permit à Mrs Murray de pressentir une dépression suicidaire. À 7h30 du soir, Marilyn riait au téléphone avec le fils de Joe DiMaggio, Joe junior.

Pourtant – et ce n'est pas l'un des faits les moins surprenants de cette affaire –, trente minutes plus tard, elle était en train de mourir.

Nous le savons grâce à la trace d'un coup de fil passé à la star vers 8 heures du soir. Et l'identité de celui qui passa ce coup de fil est encore un fait étrange qui apporta de l'eau au moulin de ceux qui pensaient qu'il y avait eu crime. Car ce n'était autre que Peter Lawford, le beau-frère de Robert Kennedy.

C'est Earl Wilson, un chroniqueur et ami personnel de Marilyn Monroe, qui révéla l'existence de cette conversation téléphonique. Vingt ans après, il écrivait dans sa chronique du *New York Post* :

«J'ai souvent pensé à ce week-end de 1962 au cours duquel Marilyn Monroe est morte.

«Je me rappelle très exactement les dernières paroles qu'elle prononça. Ce fut à Peter Lawford quelle les dit et il me les a rapportées.»

Lawford l'avait appelée parce qu'elle était censée le rejoindre pour faire une partie de poker puis aller dîner avec des amis. Sa femme Patricia était à Cape Cod, chez les Kennedy.

D'après Lawford, la voix de Marilyn était traînante et indistincte. Elle lui répondit qu'elle ne viendrait pas dîner puis elle ajouta ces mots terribles :

– Vous ferez mes adieux à Pat (la femme de Lawford) et au président. À vous aussi, je fais mes adieux. Vous avez toujours été un chic type…

Et elle raccrocha brusquement.

D'après Wilson, Lawford lui rapporta que, selon lui, lorsque quelqu'un disait adieu c'était quelque chose de définitif. Il pensa qu'elle était en train de mourir et, très inquiet, appela son manager qui lui remit un problème en mémoire : « Vous êtes le beau-frère du président des États-Unis. Vous ne pouvez pas y aller. » Mais, apparemment, le manager parvint à retrouver et à joindre Milton Rudin, l'agent de Marilyn Monroe. Ce dernier appela chez elle. Il était environ 9 h 30. Une heure et demie s'était écoulée depuis ses adieux à Lawford.

Rudin demanda si tout allait bien. Mrs Murray savait que la lumière était allumée dans la chambre de Marilyn. Le fil du téléphone était toujours sous la porte.

Lorsque Marilyn Monroe était éveillée et n'avait pas pris de somnifères, elle plaçait toujours ce téléphone dans une autre pièce pour la nuit.

Mrs Murray pensa donc qu'il n'y avait aucun problème. Elle rassura Rudin et alla se coucher. Mais, dans le milieu de la nuit, elle se réveilla et remarqua que la lumière brillait toujours dans la chambre de Marilyn Monroe. Que se passait-il ? Elle essaya d'ouvrir la porte et constata qu'elle était verrouillée. Effrayée, elle avertit le Dr Greenson, qui s'empara d'un pique-feu dans une cheminée et brisa une fenêtre de la chambre.

Ils trouvèrent Marilyn Monroe gisant nue sur son lit. Elle était morte, le bras tendu, la main sur le téléphone. L'image de cette scène poignante fit immédiatement le tour du monde.

Le sergent Jack Clemmons, responsable de nuit du poste de police de Los Angeles ouest, nota un appel téléphonique du Dr Greenson annonçant la mort de Marilyn Monroe à 4h25 le dimanche matin. Il se demanda s'il s'agissait bien de la célèbre actrice et crut même à une farce. Mais, au lieu d'alerter une voiture de patrouille, comme il aurait dû le faire, il se déplaça lui-même pour aller vérifier l'origine du coup de fil.

Immédiatement, Clemmons eut des soupçons sur les circonstances de la mort de l'artiste. Le minutage l'intriguait. Mrs Murray déclarait qu'ils avaient découvert le corps peu après minuit, or il n'avait été alerté qu'à 4h25 du matin. Que s'était-il passé dans l'intervalle? Le Dr Greenson dit qu'ils avaient appelé la Fox et certaines personnes travaillant avec Marilyn Monroe, mais le sergent ne pensait pas que les coups de fil aient pu se prolonger pendant plus de quatre heures. Il se demanda si quelqu'un n'avait pas fait en sorte d'effacer les traces d'un acte criminel.

Ce dimanche matin, je me présentai à mon travail à l'Institut médico-légal. Nous manquions de personnel et je n'étais encore qu'un débutant. Je travaillais donc tous les dimanches, et parfois même sept jours par semaine. Ce matin-là, une surprise m'attendait. Le Dr Curphey avait appelé le bureau de bonne heure pour me laisser un message. La note que je trouvai sur ma table de travail disait: «Le Dr Curphey demande au Dr Noguchi de procéder à l'autopsie de Marilyn Monroe.»

La pensée qu'il pouvait s'agir de l'actrice de cinéma ne m'effleura pas un instant. J'étais persuadé que c'était une homonyme. Pour moi, comme pour presque tous les Américains, Marilyn Monroe était une sorte de déesse fantôme de l'écran, pas une personne en chair et en os.

Cependant, professeur assistant de pathologie à la faculté de médecine de Loma Linda et agréé par l'Ordre des médecins en pathologie clinique et anatomique, j'étais le seul médecin universitaire de l'équipe du Dr Curphey et j'avais l'habitude de me voir confier les cas posant des problèmes scientifiques particuliers. Ainsi, pensant que la dénommée Marilyn Monroe allait me donner du fil à retordre, je commençai à consulter le rapport de police. La défunte était une femme blanche, aux yeux bleus. Taille : 1 mètre 62. Poids : 52 kilos. Le décès avait été constaté par un certain Dr Engelberg. On avait retrouvé sur la table de nuit de la défunte de nombreux flacons de pilules, parmi lesquels un flacon de Nembutal vide et un tube partiellement vide contenant des pilules d'hydrate de chloral, un autre somnifère très puissant et bien connu parce qu'il entrait dans la composition des « Mickey Finn[1] ».

À la rubrique « informations annexes », je trouvai un premier indice intéressant concernant la cause de la mort de cette personne nommée Marilyn Monroe : « Le Dr Hyman Engelberg, 9370 Wilshire Boulevard, lui avait délivré avant-hier une ordonnance de Nembutal. » Un peu plus loin, le rapport précisait : « Un psychiatre s'est entretenu hier avec elle et l'a trouvée très abattue. »

Le vendredi, la jeune femme avait acheté un flacon de cinquante capsules de Nembutal. Ce flacon avait été retrouvé vide près de son lit. Je pensai immédiatement à un suicide classique.

---

1. Mickey Finn : boisson, généralement alcoolisée, contenant une forte dose de barbituriques ou d'hypnotiques et administrée dans un but malveillant à une personne non avertie (*N.d.T.*).

Vers 9h30, j'enfilai ma blouse blanche et m'engageai dans le couloir conduisant à la salle d'autopsie. J'ouvris la porte. Les effluves de formol me signalèrent immédiatement la présence de la mort. Devant moi, s'étendait une longue pièce sans fenêtre éclairée par des tubes fluorescents. Des tables d'autopsie en acier inoxydable étaient disposées à intervalles réguliers sur le sol carrelé. Des médecins légistes étaient en train de pratiquer des autopsies en dictant leurs observations à des magnétophones.

En y pensant rétrospectivement, je me dis que j'aurais dû comprendre à cet instant qu'il s'agissait d'une affaire hors du commun car John Miner, officier de liaison entre les services du District Attorney et la brigade médico-légale, était présent.

Le corps étendu sur la table n° 1 était couvert d'un drap blanc. Je commençai à le découvrir puis je m'arrêtai. Il me fallut quelques secondes pour réaliser que j'étais bien face à la vraie Marilyn Monroe.

Je pris également conscience de la responsabilité qui m'incombait. Le monde entier voudrait savoir ce qui était arrivé à l'illustre et bien-aimée Marilyn. Cette responsabilité en tête, je pris une loupe et, minutieusement, je commençai à chercher des traces de piqûre indiquant qu'une drogue avait pu lui être injectée. Je cherchai également toute indication d'éventuelles violences physiques.

Je ne trouvai aucune trace de piqûre et le consignai dans le rapport d'autopsie. En revanche, je découvris une marque susceptible d'avoir été causé par des violences. Je l'indiquai aussi dans le rapport. À gauche, dans le bas du dos, le corps portait une trace d'ecchymose légère. La couleur violet foncé de la meurtrissure indiquait qu'elle était récente.

Dans le corps humain, une meurtrissure peut être comparée à une avarie. Les tissus et vaisseaux sanguins ont été écrasés sous l'impact d'un coup. Presque immédiatement, les globules blancs – les « soldats du sang » – affluent sur les lieux de la lésion pour circonscrire l'avarie. Pour commencer, ils émettent des enzymes, chargés de digérer les protéines. Ce phénomène modifie graduellement la couleur de l'ecchymose, qui passe du violet foncé au brun puis au brun clair et au vert ; le jaune étant le dernier stade de l'ecchymose avant résorption complète. C'est ainsi, que, d'après sa couleur, les médecins légistes peuvent déterminer si une ecchymose est ancienne ou récente.

L'ecchymose de Marilyn Monroe était foncée, donc récente. Mais avait-elle un rapport avec sa mort ? Elle pouvait tout aussi bien provenir d'un choc contre un angle de table, par exemple. À l'issue de l'autopsie, je ne pensais pas qu'il y eût lieu de chercher un lien entre ce traumatisme et la mort de l'actrice. L'emplacement – au-dessus de la hanche – et la petite taille de la lésion infirmaient la thèse de la violence. L'autopsie achevée, je rédigeai mon rapport, qui commençait ainsi :

> Examen externe. Le corps, non embaumé, est celui d'une femme leucoderme de 36 ans, bien développée, bien nourrie, pesant 53 kilogrammes et mesurant 1,66 m. Le crâne est couvert de cheveux blonds décolorés. Les yeux sont bleus… Une légère zone d'ecchymose apparaît dans le bas du dos, au niveau de la hanche gauche.

Je poursuivis en consignant dans le détail mes observations sur les systèmes cardio-vasculaire, respiratoire, hépato-biliaire, circulatoire et lymphatique, endocrinien, urinaire, génital et digestif. C'est l'examen du système digestif qui fut à l'origine de la controverse ultérieure. D'après les partisans de l'acte criminel il *prouvait* que Marilyn Monroe avait été assassinée. En effet, je ne trouvai nulle trace visuelle de pilules ni dans l'estomac, ni dans l'intestin grêle. Aucun résidu. Pas de cristaux réfringents. Et pourtant, les flacons indiquaient que Marilyn Monroe avait avalé entre quarante et cinquante capsules de Nembutal ainsi qu'un grand nombre de pilules d'hydrate de chloral. Les défenseurs de la thèse du meurtre en concluaient que les drogues qui avaient tué Marilyn Monroe lui avaient été injectées.

La note que j'ajoutais en bas de mon rapport est également capitale en ce qui concerne la controverse (j'ai mis les points importants en italique):

> Du sang est prélevé en l'état naturel pour la recherche d'alcool et de barbituriques. Le foie, les reins, *l'estomac et son contenu*, de l'urine et *l'intestin sont prélevés en vue d'un examen toxicologique.*

Mais, alors que le laboratoire n'avait pas encore procédé aux tests, les rumeurs d'un acte criminel commençaient à se répandre. Les amis et l'entourage professionnel de Marilyn Monroe assuraient que la carrière de l'actrice, qui avait connu un creux, était en train de reprendre une pente ascendante. C'est pourquoi, prétendaient-ils, elle n'avait aucune raison de se suicider brusquement.

Face à la controverse, le Dr Curphey décida de réunir une commission d'experts psychologues (rapidement baptisée par la presse la «commission suicide») pour interroger les proches de Marilyn Monroe, ses amis et son entourage professionnel afin de dresser son profil psychologique. Était-elle ou non capable de se suicider? Quels étaient les facteurs, à la fois matériels et psychologiques, susceptibles d'influencer son comportement?

Ce type de commission, qui a depuis été largement employé dans le pays, était une innovation à cette époque. Les proches se refusent presque toujours à croire, ou à reconnaître, qu'une personne aimée ait pu se suicider. Les doutes sur ce point ne font qu'accroître leur douleur. Les compagnies d'assurance, elles, ont tout intérêt à démontrer qu'il y a eu suicide. Une «commission suicide» peut permettre de déterminer la vérité et de mettre ainsi un terme aux controverses et à la confusion.

Ce ne fut malheureusement pas le cas dans l'affaire Marilyn Monroe, et pour une raison simple: pour encourager les personnes interrogées par la commission à parler ouvertement, même de sujets intimes, on leur promit le secret. C'est pourquoi le Dr Curphey ordonna que les comptes rendus d'enquêtes et les observations de la commission restent confidentiels. Un résumé des conclusions de la commission, établissant que Marilyn Monroe s'était suicidée, a été inclus dans le rapport final d'autopsie. Mais le fait que les notes de la commission aient été tenues secrètes pendant vingt ans fut à l'origine des accusations de camouflage des faits.

Le rapport du laboratoire de toxicologie allait jeter de l'huile sur le feu. Il me fut transmis plusieurs heures après l'autopsie du corps. Lorsque je le lus, une sonnette d'alarme tinta immédiatement dans mon esprit. Avec le foie, j'avais fait soumettre des échantillons de sang à la recherche de barbituriques. Et j'avais prélevé d'autres organes – notamment l'estomac et son contenu ainsi que l'intestin – en vue d'un examen toxicologique. Les techniciens du laboratoire n'avaient pas examiné les organes que je leur avais fait parvenir. Ils avaient limité leurs recherches au sang et au foie.

Pourquoi ne pas avoir effectué tous les tests demandés, chose qui, à l'heure actuelle, se fait systématiquement ? Ajoutées au flacon de Nembutal vide et au tube presque vide de pilules d'hydrate de chloral, les révélations de l'analyse du foie et du sang avaient paru suffisamment probantes à Raymond J. Abernathy, le chef du laboratoire. Il n'avait apparemment pas jugé utile d'aller plus loin dans ses investigations. L'analyse de sang avait fait apparaître un taux d'hydrate de chloral de 8 mg % et le taux de penthiobarbital (Nembutal) présent dans le foie était de 13 mg %. Les doses mortelles étaient largement dépassées.

J'aurais dû insister pour que tous les organes, notamment l'estomac et son contenu ainsi que des portions de l'intestin, soient malgré tout examinés. Mais, jeune médecin légiste, je ne pouvais discuter le fonctionnement du laboratoire. De plus, au vu des résultats, j'étais, de même que les toxicologistes, persuadé que les drogues ingérées par Marilyn Monroe l'avaient été en quantité suffisante pour provoquer la mort.

Lorsque, quelques jours plus tard, les résultats furent rendus publics, les médias mirent immédiatement le doigt sur l'omission. Je voulus rectifier cette erreur, mais il était trop tard. Je demandai à Abernathy s'il avait conservé les autres organes que je lui avais fait parvenir. Si oui, nous pouvions encore procéder aux tests. Mais il me répondit :

– Désolé, mais l'affaire était considérée comme close. Je ne les ai pas gardés.

Je savais que les accusations de « maquillage » n'allaient pas tarder. J'avais raison. Une série d'hypothèses de meurtre surgirent presque aussitôt et persistent encore aujourd'hui.

***

Partant de l'hypothèse selon laquelle Marilyn Monroe et un journal qu'elle possédait représentaient une menace pour Robert Kennedy, les défenseurs de la théorie du crime commencèrent par soulever le fait que le frère du président était arrivé à San Francisco en avion le 3 août 1962, veille du drame. Il devait prononcer une allocution le lundi suivant au soir lors d'une réunion de l'Ordre des Avocats. Pourquoi était-il arrivé le vendredi pour prononcer son discours trois jours plus tard? D'après les dossiers du FBI, Kennedy et sa famille avaient passé le weekend au ranch de M. et Mme John Bates à Gilroy en Californie. L'affirmation fut taxée de « maquillage » de la part du FBI. Les accusateurs pensaient que Robert Kennedy avait pris l'avion pour Los Angeles et était allé superviser le meurtre de Marilyn Monroe. Selon eux, tous les doutes étaient permis quant à la teneur du dernir coup de fil de la star. Seule la parole de Peter Lawford était là pour en attester. On racontait que Robert Slatzer avait interviewé une femme habitant le même pâté de maison que Marilyn Monroe. Celle-ci lui aurait déclaré avoir vu Kennedy et un homme portant une sacoche de médecin entrer chez Marilyn Monroe le jour de sa mort. D'après le scénario de Slatzer, l'homme à la sacoche de médecin aurait injecté à l'actrice les drogues qui l'avaient tuée.

Mais cette participation personnelle de Kennedy au « meurtre » était tellement insensée que d'autres avocats de la thèse du crime la réfutèrent. Ils étaient nombreux à défendre une seconde théorie. D'après celle-ci, le meurtre avait été commis par des éléments véreux de la CIA inquiets à l'idée que Marilyn Monroe avait transcrit dans son journal des informations communiquées par Kennedy. Un point venait appuyer la thèse de l'existence de ce journal. En 1962, Lionel Grandison était un coroner adjoint exerçant des fonctions administratives. C'était lui qui avait signé le certificat de décès de Marilyn Monroe. Il déclara qu'il avait vu le journal dans le bureau du coroner et que, le lendemain, celui-ci avait disparu.

On proposait aussi comme preuve de l'implication de Kennedy dans la mort de Marilyn Monroe l'accusation portée par le célèbre espion téléphoniste Bernie Spindel. Spindel était en train de rassembler des preuves contre Kennedy pour le compte de Jimmy Hoffa, secrétaire du syndicat des chauffeurs routiers. Son domicile fut perquisitionné par les services du District Attorney de New York. Robert Kennedy était à l'époque sénateur de New York et ami du District Attorney, Frank Hogan. Les dénonciateurs pensaient que Kennedy était derrière cette perquisition.

Les bandes magnétiques saisies au cours de la perquisition ne furent pas restituées. Spindel intenta une action en justice pour « récupérer des enregistrements et des indices concernant les causes de la mort de Marilyn Monroe donnant fortement à penser que la version officielle des circonstances de son décès est erronée ».

Les partisans de la théorie du crime proposaient un troisième scénario dans lequel Kennedy n'était plus le meurtrier mais l'éventuelle victime d'un chantage. À en croire cette version, les tueurs s'étaient introduits de nuit dans la chambre de Marilyn Monroe, lui avaient injecté les drogues puis l'avaient forcée à appeler Kennedy chez Lawford pour lui dire qu'elle était en train de se suicider. La réaction de Kennedy devait alors être de se précipiter chez elle pour la sauver et le piège d'un chantage se serait alors refermé sur lui. Mais Kennedy ne vint pas, et Marilyn Monroe mourut.

Toutes ces théories disparates avaient un trait en commun : Marilyn Monroe avait été tuée par injection et n'avait pas avalé de pilules. Et, pour étayer ce point, tout le monde se fondait sur mon autopsie.

Des allégations contre mon rapport d'autopsie furent formulées par des sources diverses. Le journaliste George Carpozi junior reproduisit une déclaration du Dr Sidney B. Weinberg, alors médecin légiste-chef du comté de Suffolk, aujourd'hui retraité : « Les indices relevés présentent toutes les caractéristiques traditionnelles de l'homicide et non du suicide. » Un autre journaliste, Anthony Scaduto, disait qu'on n'avait jamais « concocté rapport d'autopsie plus fantaisiste ».

On rapporta également ces propos, attribués à Norman Mailer : « On devait en rester au suicide et ne pas s'égarer vers l'hypothèse d'un meurtre… Lorsqu'on est médecin légiste et que les autorités affectionnent la version du suicide, on n'a pas tellement envie de conclure à un meurtre. » Mais l'attaque de Slatzer était celle qui allait le plus loin. Il prétendait que le rapport d'autopsie était un faux. D'après des confidences recueillies auprès des services de police de Los Angeles, le premier rapport avait, disait-il, été détruit. J'en avais ensuite rédigé un autre, trafiqué.

Pendant vingt ans, je me contentai de répondre en termes généraux à ces critiques. Mais, en ce 4 novembre 1982, les questions des deux adjoints du District Attorney, officiellement chargés d'un complément d'enquête sur la mort de Marilyn Monroe, me donnèrent la possibilité d'entrer dans le détail.

La partie de mon rapport d'autopsie concernant le tube digestif comportait les observations suivantes (j'ai mis en italique les points qui sont à l'origine des controverses) :

> La muqueuse œsophagique (la paroi interne de l'organe) présente un repli longitudinal. *L'estomac est presque vide. Le volume estimé ne dépasse pas 20 cc. Aucun résidu de pilule n'est observé.* Un frottis réalisé à l'aide d'un prélèvement du *contenu de l'estomac* et examiné au microscope polarisant ne fait apparaître *aucun cristal réfringent.* La muqueuse montre une congestion marquée et une hémorragie pétéchiale (petites taches) diffuse. Pas d'ulcère du duodénum. Le *contenu du duodénum* a également été examiné au microscope polarisant et *aucune présence de cristaux réfringents n'a été observée.* Le reste de l'intestin grêle ne présente aucune anomalie notable. Le côlon présente une congestion marquée et une décoloration violacée.

Les deux hommes posèrent trois questions émanant de cette section du rapport et furent très intéressés par les réponses.

Question 1 : Le rapport d'autopsie indique que l'estomac était presque vide. Comment pouvait-il en être ainsi si Marilyn Monroe avait absorbé une importante quantité de somnifères?

Question 2 : D'après l'article de Carpozi, le Dr Weinberg a déclaré :

> Étant donné la masse de barbituriques absorbée, on aurait dû retrouver au moins quelques pilules ou capsules partiellement digérées… des résidus poudreux adhérant à la paroi interne de l'estomac. En pareil cas, l'on peut même s'attendre à découvrir une plaie vive, de coloration rouge, sur la muqueuse gastrique.

Pourquoi n'y avait-il ni capsules partiellement digérées, ni résidus poudreux, ni plaie vive sur la muqueuse?

Question 3 : Si Marilyn Monroe avait absorbé une importante quantité de capsules de Nembutal, teintées en jaune, des taches de couleur jaune auraient dû être visibles à l'intérieur de sa gorge, de son œsophage et de son estomac. Pourquoi n'était-ce pas le cas?

Une quatrième question concernait mon examen externe du corps. Le Dr Greenson avait fait une piqûre à Marilyn Monroe la veille de sa mort. Pourtant, je n'en avais trouvé aucune trace. Pourquoi?

Pour répondre à la première question concernant l'estomac presque vide, je choisis de commencer par une comparaison courante. Lorsqu'une personne mange une nourriture inhabituelle qui ne lui «convient» pas, il peut en résulter une indigestion. L'estomac rejette cette nourriture et ne la laisse pas passer facilement vers les intestins. Mais, si la même personne absorbe un aliment qu'elle a l'habitude de manger depuis des années – mettons un steak –, il n'y a pas d'indigestion parce que la nourriture passe naturellement dans les intestins.

Il en va de même pour les pilules lorsqu'elles sont absorbées par des habitués. Depuis des années, Marilyn Monroe prenait d'importantes quantités de somnifères. Son estomac s'était habitué à les digérer et à les transmettre aux voies intestinales. Par expérience, je ne m'attendais pas à retrouver de traces visibles de pilules chez les personnes habituées à en prendre. Et cela prouvait simplement que ces personnes étaient habituées à prendre des pilules, non qu'elles avaient été tuées par une injection de drogue.

En réponse à la deuxième question et à la suggestion du Dr Weinberg, je dis que mon rapport d'autopsie mentionnait une hémorragie pétéchiale diffuse. En d'autres termes, il y avait sous la muqueuse de petites taches hémorragiques dispersées : les plaies vives mentionnées par le Dr Weinberg.

À la troisième question, je répondis aux enquêteurs que la présence de taches jaunes était une supputation de profane et non de médecin connaissant les caractéristiques des capsules de Nembutal. En tant que médecin légiste, j'avais l'habitude de ce produit. Il semblait être le préféré des candidats au suicide. Je suggérai aux deux hommes de faire le test suivant : prenez une capsule jaune de Nembutal, portez-la à vos lèvres pour l'humecter puis frottez-la sur votre doigt, vous constaterez que la couleur ne déteint pas. Une capsule de Nembutal avalée ne laisse aucune trace jaune.

Quant à la quatrième question concernant la piqûre faite par le Dr Greenson, j'expliquai que les marques laissées par les aiguilles chirurgicales fines – telles celle que Greenson utilisait – cicatrisent en quelques heures et deviennent invisibles. Seules des traces de piqûres récentes pouvaient être découvertes. L'injection faite par le Dr Greenson avait eu lieu près de quarante-huit heures avant l'autopsie. C'est pourquoi je n'avais trouvé aucune marque de piqûre.

À la fin de l'entrevue, les deux hommes me dirent qu'ils allaient demander l'interprétation de l'autopsie pratiquée en 1962 et de mes commentaires ultérieurs par un médecin légiste patenté d'une autre juridiction. Je fus très étonné d'une telle méticulosité dans une enquête sur un décès datant de vingt ans.

Trois jours seulement après ma convocation chez le District Attorney, je me rendis à Pasadena où je devais faire un cours de cuisine japonaise, un de mes violons d'Ingres. Traversant Brentwood, je me trouvais à un kilomètre et demi environ de la maison de Marilyn Monroe lorsque j'entendis à la radio de ma voiture, un journaliste annoncer :

> James Hall, qui était ambulancier en 1962, déclare que Marilyn Monroe a été assassinée sous ses yeux. Dans une interview exclusive accordée au journal *The Globe*, cet homme affirme qu'il était en train de ranimer la célèbre actrice lorsqu'un « docteur » l'a écarté et a injecté

directement dans le cœur de la jeune femme un produit qui l'a tuée.

Les tourniquets aspergeaient les pelouses, les palmiers superbes bordaient le boulevard, un jogger isolé courait dans le soleil, l'air heureux, et mon autoradio claironnait une nouvelle histoire de meurtre dans l'affaire Marilyn Monroe. Je m'attendais presque à entendre le journaliste dire que le «docteur» criminel se nommait Noguchi. Non, l'homme portait une moustache, de longs favoris et il avait la peau du visage grêlée. Je soufflai : ce n'était pas moi.

En 1982, Marilyn Monroe aurait eu cinquante-six ans et pourtant, l'image d'une jeune et belle actrice morte, la main tendue vers le téléphone, continuait à torturer les Américains. Les rumeurs et les hypothèses allaient-elles cesser un jour ? Je me le demandais. Non seulement cette histoire de «docteur» injectant une drogue mortelle, mais d'autres bien plus abracadabrantes. Exemple : Marilyn Monroe avait été droguée chez Frank Sinatra à Palm Springs et son corps avait été ramené à Brentwood par avion. (Celle-ci défiait à la fois le sens commun et celui des distances.) Exemple : Mrs Murray était payée pour se taire par Peter Lawford. Autre exemple : Pat Newcomb, qui avait dormi chez Marilyn Monroe la nuit précédant sa mort, avait été embauchée par Pierre Salinger pour le compte des Kennedy afin de lui imposer le silence.

Je souhaitais de tout cœur qu'à l'issue de l'enquête du District Attorney, ces rumeurs fantasques, et bien d'autres, se taisent enfin. Et peut-être que les questions authentiques entourant encore l'affaire trouveraient une réponse.

***

Le bureau du District Attorney de Los Angeles publia son rapport en décembre 1982 et les conclusions de ce rapport furent largement diffusées :

> Un meurtre aurait exigé un complot criminel d'envergure impliquant toutes les personnes présentes sur les lieux du décès les 4 et 5 août 1962, le ou les tueur(s), le médecin légiste, chef/coroner, le chirurgien chargé de l'autopsie auquel l'affaire fut confiée par hasard et la quasi-totalité des policiers détachés à cette affaire, ainsi que leurs supérieurs au sein des services de police de Los Angeles… l'enquête et l'étude de documents réalisées n'ont fait apparaître aucun indice crédible étayant l'hypothèse d'un tel meurtre.

Le rapport ajoutait :

> Cette enquête a été menée du fait qu'aucun examen exhaustif de l'affaire n'avait été effectué en 1962 par les services du District Attorney (l'adjoint du District Attorney John Miner était toutefois présent à l'autopsie pratiquée par le Dr Noguchi).

Le rapport me passionna à plusieurs chefs. Personnellement, j'ignorais avant de le lire que, vingt ans auparavant, John Miner avait déclaré que j'avais pratiqué une autopsie particulièrement méticuleuse, allant jusqu'à examiner le corps à la loupe pour y rechercher des traces de piqûres. Apparemment, Miner ignorait que tout médecin légiste compétent se devait de procéder à une telle recherche dans les décès où une injection de drogue était suspectée. Je me sentais néanmoins gratifié par son appréciation.

Mais je fus encore plus passionné par le rapport de l'expert indépendant, le Dr Boyd G. Stephens, médecin légiste-chef et coroner à San Francisco. Il concluait non seulement que l'autopsie pratiquée en 1962 avait une valeur scientifique incontestable mais que «même l'application de procédés plus avancés correspondant à vingt ans de progrès en la matière ne changerait en toute probabilité rien en 1982 aux conclusions établies en 1962 par le Dr Noguchi».

L'enquête du DA (District Attorney) était à la fois consciencieuse et globale. Pratiquement toutes les allégations avaient été examinées de près et déclarées dénuées de fondement, depuis le «journal manquant» au «docteur» qui avait administré une injection mortelle, en passant par les enregistrements de Spindel et le voyage de Kennedy à Los Angeles le week-end où Marilyn Monroe était morte.

Mais, naturellement, vingt ans après, l'enquête ne pouvait répondre aux quelques questions légitimes laissées en suspens. Elle n'avait, par exemple, aucun moyen de déterminer l'origine de l'ecchymose relevée sur la hanche de la défunte. Pas plus que de savoir pourquoi elle riait joyeusement avec Joe DiMaggio Jr. à 7 h 30 et mourait une demi-heure plus tard. Et que voulait dire la main tendue vers le téléphone?

Un autre fait m'inquiétait: les rumeurs de camouflage n'avaient pas été entièrement balayées. Les journalistes avaient rapporté que des feuillets avaient été effacés

– apparemment pour raisons de sécurité – dans le dossier Monroe que le FBI leur avait transmis en vertu de la loi sur la liberté d'accès à l'information. Maintenant, d'après le compte rendu d'enquête du DA, le dossier communiqué par le FBI était également « considérablement censuré ». Il m'était impossible de ne pas m'interroger. Comment était-il pensable que le dossier du FBI sur une actrice de cinéma ait pu être censuré ? Point encore plus mystérieux, pourquoi vingt ans après sa mort, le FBI jugeait-il encore utile de censurer ce dossier, non seulement pour les journalistes mais pour les services du DA de Los Angeles chargés d'une enquête officielle ? Que contenait donc ce dossier Monroe ?

Et là n'était pas ma seule source de préoccupation. L'homme qui avait assisté à mon autopsie en 1962, John Miner, avait posé un problème aux enquêteurs du DA. Mineur n'avait pas simplement assisté à l'autopsie, le Dr Greenson – le psychiatre – lui avait accordé une faveur exclusive en lui permettant d'entendre les paroles prononcées par Marilyn Monroe lors de séances de thérapie.

Selon le compte rendu d'enquête du DA, Miner s'était engagé à ne jamais révéler à quiconque le contenu des enregistrements qu'il avait entendus. Mais il les avait entendus et des entretiens avec le Dr Greenson l'avaient convaincu que Marilyn Monroe *ne s'était pas suicidée*. Le compte rendu établi en 1982 par les services du DA ajoute :

> À l'issue de conversations avec Greenson, Miner déclare avoir conçu de sérieux doutes sur les conclusions confirmant la thèse du suicide. Il jugea bon de faire connaître

> ses réserves (dans une note adressée) à l'adjoint principal du District Attorney, au Dr Curphey… et à d'autres personnes.

C'était en 1962. Vingt ans plus tard, pressé de questions par les enquêteurs du DA, Miner semblait se rétracter. Il déclarait maintenant que ce qu'il avait voulu dire en 1962 était que Marilyn Monroe ne s'était pas donné la mort *volontairement*. Mais, étant donné les résultats des tests, une absorption accidentelle de cette ampleur paraissait fortement sujette à caution. Donc, si Miner avait vu juste en 1962, la seule cause concevable de la mort de Marilyn Monroe était le meurtre.

Ma dernière préoccupation était que l'on gardait toujours le secret sur les notes et les entrevues réalisées par la «commission suicide» et qu'elles n'avaient pas été communiquées aux enquêteurs du District Attorney. J'ai eu récemment un entretien avec le Dr Robert Litman, l'un des psychiatres membres de cette commission.

Fondateur du Centre de Prévention du Suicide et autorité incontestable en matière de suicide, le Dr Litman me dit que, d'après les informations recueillies par lui-même et les autres membres de la commission auprès des amis de Marilyn Monroe et de son entourage professionnel, il n'avait aucun doute sur le fait qu'elle s'était donné la mort. La commission découvrit qu'elle avait déjà fait deux tentatives de suicide et n'avait été sauvée qu'à la dernière minute. Différents membres de son entourage professionnel déclarèrent, en outre, qu'elle était extrêmement dépressive et se comportait bizarrement durant les derniers temps avant sa mort.

– Avez-vous recueilli des indices permettant d'accréditer l'éventualité d'un meurtre? lui demandai-je.

Litman haussa les épaules.

– La porte était fermée de l'intérieur. Il a fallu briser une vitre pour entrer dans la chambre. Et Mrs Murray était dans sa propre chambre, à deux pas de celle de Marilyn Monroe.

***

Que se passa-t-il réellement dans la chambre de Marilyn Monroe le soir du 4 août 1962? À mon sens, la conclusion officielle du Dr Curphey l'établissait de façon évasive sans doute, mais pertinente: «suicide *probable*». Me fondant sur mon intervention personnelle dans l'affaire, à commencer par l'autopsie, j'ajouterais: «suicide *très* probable».

Mais je crois aussi que, tant que le dossier complet du FBI ne sera pas rendu public, tant que les notes et comptes rendus d'entretiens effectués par la «commission suicide» ne seront pas dévoilés, les controverses continueront à aller bon train autour de la mort de Marilyn Monroe. Les autres questions resteront sans réponse et personne ne pourra jamais dire définitivement ce qui, ce soir-là, a fait de Marilyn Monroe, belle et talentueuse actrice, riant et parlant joyeusement au téléphone, une star agonisante… et un mythe immortel.

4

AFFAIRE MÉDICO-LÉGALE N° 68-5731

Robert F. Kennedy

Le 4 juin 1968, à 22 h 15, le sénateur Robert F. Kennedy ouvrit la porte de sa suite au cinquième étage de l'hôtel *Ambassador* et, à la stupéfaction des trois journalistes qui montaient la garde, sortit dans le couloir. Vêtu d'un complet bleu froissé, le nœud de cravate desserré, il s'adossa négligemment au mur et se soumit aux questions.

En bas, dans la salle de l'*Ambassador*, on fêtait déjà sa victoire aux élections primaires présidentielles en Californie, une épreuve capitale. Pourtant la situation était loin d'être claire. D'après les estimations tirées des premiers décomptes des suffrages, c'était le sénateur Eugene McCarthy et non Robert Kennedy qui était en tête. Mais les chaînes de télévision unanimes donnaient Kennedy vainqueur.

L'un des hommes qui attendaient dans le couloir de l'hôtel était un certain Jack Smith, du *Los Angeles Times*. Ce n'était ni un journaliste politique, ni un auteur d'articles de fond. Aussi sa question amena-t-elle un sourire sur les lèvres du sénateur :

– Vous avez attrapé le neuvième rouleau ? demanda-t-il.

Pour les Californiens amateurs de surf, le neuvième rouleau est la lame importante, celle qu'il faut attendre et qui, lorsqu'on l'attrape, récompense cette attente. C'est la plus grosse vague et souvent la plus dangereuse. Dans l'après-midi, Kennedy s'était rendu à Malibu Beach en compagnie de l'un de ses fils. Il toucha une petite bosse violette au-dessus de son œil droit et répondit :

– Peut-être. C'est probablement à lui que je dois ceci. Pour être honnête, je ne suis pas sûr du numéro, mais je suis sûr du résultat !

Derrière lui, dans la suite, se trouvaient rassemblés sa famille et des amis tels l'ancien astronaute John Glenn et l'écrivain Budd Schulberg. De l'autre côté du couloir, dans une autre suite, son état-major était en train de suivre les résultats de l'élection primaire. Mais Robert Kennedy s'attarda en compagnie des journalistes. Comme son frère John, il « accrochait » avec les gens de la presse et se plaisait à badiner en leur compagnie. Finalement, il conclut la conversation avec une déclaration dans le plus pur style Bob Kennedy : « La seule chose qui compte, c'est de gagner ! »

À 22 h 30, j'étais dans ma maison d'Oxford Street, dans le quartier de Wilshire de Los Angeles. Deux lampes étaient encore allumées, l'une dans le salon, l'autre dans la chambre à coucher de l'étage. Je m'apprêtais à me mettre au lit. Au rez-de-chaussée, Hisako, ma femme, restait devant la télévision pour suivre l'annonce des résultats.

Pour moi, la seule nouvelle souriante depuis plusieurs semaines étaient les pronostics qui donnaient Kennedy vainqueur des primaires en Californie. Mon intervention après la mort de Marilyn Monroe m'avait amené à m'intéresser au jeune sénateur, et je l'admirais beaucoup. À mes yeux, lui et son défunt frère incarnaient ce que j'appelais la « Grande Amérique ». Tout en eux m'inspirait le respect : leur style, leur sens du leadership, leur façon naturelle de tendre la main à tous les groupes ethniques du pays pour leur dire : « Oui, vous aussi, vous êtes des Américains. »

Une fois de plus, je venais de passer seize heures au travail. En 1967, le conseil d'administration du comté m'avait confié la succession du Dr Curphey qui partait à la retraite. Comme pour tous les chefs de service du comté, ma nomination au poste commençait par six mois de mise à l'essai. Quoi qu'il en fût, j'étais, à quarante ans, le premier Américano-Japonais placé à la tête d'un service de médecine légale dans une grande métropole des États-Unis. Mais, ma période d'essai arrivant à son terme ; j'eus vent de rumeurs selon lesquelles je risquais d'être remplacé. Les membres du conseil d'administration voulaient mettre l'un des leurs à ce poste et non un immigré.

Ces rumeurs me perturbaient. C'est peut-être pour cette raison que je n'étais pas encore complètement endormi lorsque ma femme vint se coucher. Je lui demandai si Kennedy gagnait toujours les primaires. Elle me répondit que McCarthy tenait bon mais que les médias maintenaient leur pronostic : Kennedy allait gagner. Cette bonne nouvelle me fit sans doute oublier mes préoccupations car, quelques minutes plus tard, je sombrai dans le sommeil.

Je fus éveillé en sursaut par la sonnerie du téléphone. Quelle heure était-il ? Qui pouvait bien appeler en pleine nuit ? Je tendis la main vers l'appareil, renversant au passage une tasse à thé posée sur la table de nuit. Je n'avais pas encore collé le récepteur à mon oreille que j'entendis la voix agitée d'un de mes collaborateurs :

– Docteur Noguchi !

– Oui.

– Docteur Noguchi, on a tiré sur Kennedy !

J'allumai immédiatement la télévision et vis la rediffusion filmée de l'attentat, les gens qui hurlaient, le gros plan sur le visage du sénateur, étendu au sol dans une cuisine d'hôtel. Lorsque j'entendis un auxiliaire médical déclarer que Bob Kennedy avait été atteint à la tête, j'eus un funeste pressentiment. Le coup que je reçus fut sans doute celui qui m'ébranla le plus de toute ma carrière.

Kennedy avait remporté les primaires de Californie et je priai le ciel pour qu'il vive. La nouvelle selon laquelle le sénateur avait été frappé d'une balle à la tête me secoua également au plan professionnel. D'après les reporters de la télévision, la police n'avait pas encore établi de reconstitution complète de ce qui s'était passé dans cette cuisine. Un jeune homme portant un revolver avait été appréhendé sur les lieux, mais d'autres personnes armées avaient-elles réussi à s'échapper ?

Tandis que je réfléchissais, le visage de Sandy Serrano, une responsable des « Jeunes pour Kennedy », apparut sur l'écran. D'une voix essoufflée, elle raconta à un journaliste qu'elle était sortie prendre l'air sur la terrasse pendant que le sénateur victorieux faisait des commentaires à l'intérieur.

– Soudain, dit-elle, une fille avec une robe blanche à pois est sortie de l'hôtel en courant et en criant : « On l'a descendu ! »

Cette déclaration me fit immédiatement venir à l'esprit une phrase qui, pendant les quarante-huit heures suivantes, allait m'obséder comme un douloureux leitmotiv : « Il ne faut pas laisser un autre Dallas se produire. »

En 1963, lorsque le président John F. Kennedy fut assassiné, le médecin légiste-chef de Dallas essaya de faire valoir son pouvoir juridictionnel. Mais le corps lui fut pratiquement soustrait de force par les services secrets qui l'envoyèrent par avion à Washington. Là, des médecins militaires qui n'avaient aucune qualification en médecine légale, procédèrent à l'autopsie. Ils firent de leur mieux mais, comme le dit feu Milton Helpern, à l'époque médecin légiste de New York : « C'est à peu près la même chose que d'envoyer au Philharmonie de New York un gamin de sept ans qui aurait pris trois cours de violon et de lui demander de jouer une symphonie de Tchaïkovski. L'enfant sait à peu près tenir son instrument mais il lui faudra encore un bon moment avant de connaître la musique. »

Bousculés par le personnel de la Maison-Blanche, conduisant leurs recherches à des milliers de kilomètres des indices nécessaires, les médecins militaires oublièrent de se plier à certaines pratiques de routine comme, par exemple, la dissection de la blessure au cou. Leurs omissions ouvrirent la porte à toute sorte de rumeurs et de bruits de complot, qui allaient courir pendant des décennies. Les observateurs du FBI présents à l'autopsie se méprirent même sur l'emplacement de la blessure au cou et rapportèrent qu'elle se situait dans le dos. Conséquence, les doutes rejaillirent sur la profession même de médecin légiste qui, en 1963, ne jouissait déjà pas d'un grand crédit.

Voilà qu'un autre frère Kennedy risquait de mourir dans mon secteur de juridiction. C'était effrayant en soi, mais effrayant aussi de par les énormes responsabilités que cela impliquait pour notre petit service aux effectifs insuffisants. Je pensais, en effet, que, s'il devait y avoir une autopsie, il fallait qu'elle soit pratiquée en excluant absolument toute possibilité d'erreur. À 2 heures du matin, j'avais pris ma décision. J'allais faire appel dans le pays entier aux compétences et ressources humaines disponibles de notre profession encore jeune et presque totalement inconnue. Si Kennedy mourait, je demanderais une participation de dimension nationale aux médecins légistes.

Il devait être près de 3 heures du matin lorsque je contactai le chef de l'agence que les médecins légistes appellent leur « INTERPOL personnel ». En 1966, le Dr William Eckert, fonda l'INFORM, l'Organisation internationale de Renseignements en Médecine légale (International Reference Organization in Forensic Medecine), dont le siège se trouve à Wichita, dans le Kansas. Aujourd'hui, de nombreuses années plus tard, cette agence est toujours inconnue du public américain, et pourtant elle continue à travailler pour lui. Les renseignements qui y affluent chaque jour de tout le pays y sont mis en mémoire sur ordinateurs, de manière que des affaires médico-légales concernant des villes situées à des kilomètres de distance puissent être comparées, que des indices ayant permis de percer le secret de morts mystérieuses puissent être confrontés et que les innovations médicales ainsi que les découvertes scientifiques puissent être communiquées à tous les médecins légistes.

Cet appel au Dr Eckert était ma première démarche dans le cas présent et le début d'une journée fatidique qui allait me faire connaître de nombreux hauts et bas. Je ne pouvais pas savoir, ce matin-là, qu'après la mort du sénateur Kennedy, mon autopsie allait contredire ce que tous les témoins – au moins soixante-dix au total – avaient vu de leurs propres yeux dans cette cuisine bondée.

Ni que la contradiction entre les témoignages oculaires et l'autopsie allait servir de base à la révision du procès Sirhan Sirhan pour essayer de faire annuler sa condamnation. Sirhan prétendait être entré dans la cuisine de l'hôtel avec une arme mais ne plus se souvenir de ce qui était arrivé par la suite. Personne ne pouvait nier qu'il eût tiré sur le sénateur, mais son avocat allait se fonder sur le fait que la balle mortelle avait certainement été tirée par une autre arme.

* * *

Pour la première fois depuis l'attentat, Ethel Kennedy esquissait un sourire. Debout, près de son mari, elle lui tenait un stéthoscope sur la poitrine. Le Dr Victor Baziluskas sourit avec elle.

– Est-ce qu'il vivra, docteur? demanda Mme Kennedy.

– Pour le moment, cela s'améliore, répondit le médecin. Gardons espoir.

Dans l'ambulance, le sénateur avait été victime d'un arrêt cardiaque. En arrivant à l'hôpital central des urgences, il ne respirait plus et n'avait plus de pouls. Baziluskas et ses assistants pratiquèrent un massage cardiaque puis le placèrent dans un appareil servant à la fois de poumon d'acier et de stimulateur cardiaque. Ils lui administrèrent de l'oxygène, lui firent un tubage pour faciliter la respiration et lui injectèrent de l'adrénaline dans les muscles.

Pas de résultat. Ils attendirent. Puis, miracle, après dix à douze minutes, on capta une faible respiration et le cœur de Robert Kennedy se remit à battre.

C'est à ce moment que, sur une impulsion, le médecin tendit le stéthoscope à Mme Kennedy. Puis il se tourna vers l'un de ses assistants, le Dr William C. Holt, pour lui dire qu'un neuro-chirurgien et un pneumo-chirurgien attendaient au «Good Sam». Quelques minutes plus tard, le sénateur Kennedy arrivait en urgence au *Good Samaritan Hospital*, qui possédait l'équipement technologique le plus avancé de Los Angeles.

Entre-temps, le jeune homme basané appréhendé par les policiers avait déclaré s'appeler John Doe. Il refusait de coopérer, se comportait avec arrogance et ne montrait aucun signe de remords. Mais, en quelques minutes, la police découvrit que son arme, un pistolet Iver Johnson de calibre 22, avait été enregistrée au nom d'un certain Munir Sirhan, 696, East Howard Street à Pasadena. Le jeune homme placé en garde à vue était son frère, Sirhan Bishara Sirhan.

À l'hôtel *Ambassador*, un autre témoin de la scène déclara aux enquêteurs qu'il avait vu la jeune fille vêtue d'une robe blanche à pois s'enfuir en courant. Mais il ajouta un détail troublant: un homme au teint basané courait à ses côtés.

Un seul homme au teint basané avait été arrêté, Sirhan Sirhan. Un complice était-il parvenu à s'échapper?

Aux premières heures du jour, j'avais téléphoné à Bill Eckert, mais aussi à deux autres médecins légistes distingués. Eckert m'avait conseillé avec insistance:

– Prenez l'enquête sous votre responsabilité, sur place, à Los Angeles. Résistez aux pressions que l'on exercera certainement pour ramener le corps sur Washington. Pas de Dallas, cette fois.

C'est alors qu'il eut une inspiration lumineuse :

– Au lieu de laisser ceux de Washington vous soustraire le corps, faites-les donc venir chez vous.

– Comment ?

– Appelez l'AFIP (*Armed Forces Institute of Pathology* = Institut médico-légal des Forces armées) et demandez-lui d'envoyer ses pontes pour assister à l'autopsie.

Sur son conseil, je contactai le capitaine Smith, directeur de l'AFIP à Washington. Il me répondit que, si Kennedy mourait, trois experts seraient dépêchés à Los Angeles dans un supersonique de l'armée pour prendre part à l'autopsie. Puis il ajouta :

– Cela vous ennuierait que Pierre Finck fasse partie de l'équipe ?

Je lui répondis que je n'y voyais aucun inconvénient. Finck était l'un des jeunes médecins qui avaient participé à l'autopsie du président Kennedy. La cruelle ironie de la situation ne m'échappait pas : le même médecin risquait, tout à fait par hasard, de prendre part à l'autopsie des deux frères Kennedy. Pas plus qu'une autre ironie, tout aussi cruelle : six ans plus tôt, j'avais autopsié Marilyn Monroe et maintenant, je risquais d'autopsier celui qui avait été accusé d'être son amant, et même son meurtrier.

Étrange et féroce coup du destin. Mais je n'avais pas le temps de m'appesantir sur le passé. Tout en souhaitant ardemment qu'elles ne servent à rien, j'avais pris mes premières dispositions en vue de pratiquer une autopsie historique. Mon invitation aux experts de l'AFIP impliquait que, si l'autopsie devait avoir lieu, elle serait réalisée aux yeux de tous, ce qui éliminait les risques de controverse ultérieure. Chacun de mes gestes serait surveillé par des observateurs professionnels, chacune de mes démarches aurait des témoins. Mais cette affaire de la jeune fille et de l'homme sortant de l'hôtel en courant me travaillait. Qu'avait-elle voulu dire en criant « *On* l'a descendu ! » ? Il me paraissait essentiel de ne pas négliger l'éventualité d'un complot.

Aussi passai-je mon dernier coup de fil au Dr Cyril Wecht, du comté d'Allegheny en Pennsylvanie, expert en assassinats politiques et principal défenseur de la thèse selon laquelle il y aurait eu un second tireur lors de l'assassinat du président Kennedy. Dix ans plus tard, en 1978, il allait apparaître devant une commission du Congrès, muni de graphiques et d'indices scientifiques pour démontrer que quatre balles avaient été tirées sur le président. Puisque Lee Harvey Oswald n'avait tiré que trois coups de feu, il devait y avoir un autre homme.

Les députés écoutèrent Wecht avec politesse et indifférence puis appelèrent ses confrères scientifiques sur l'estrade. Ceux-ci réfutèrent sa démonstration d'un air narquois. Ce n'est que plus tard, à la fin des audiences sur l'assassinat, qu'un expert en acoustique analysa l'enregistrement d'une émission de police durant l'assassinat et annonça qu'il y avait eu *quatre* coups de feu. Il y avait bien un autre tireur sur Dealey Plaza. Wecht avait raison.

Wecht était un homme avisé et il connaissait bien le monde de la politique.

– Restez en étroit contact avec les politiques, me conseilla-t-il. Sinon, ils vous écarteront s'il arrive quelque chose. Bobby est sénateur : il faut que vous nommiez un agent de liaison avec le Sénat. Et, à Los Angeles, coopérez dans toute la mesure du possible avec l'état-major de la campagne Kennedy.

Le matin du 5 juin, à 8 heures, lorsque j'entrai dans mon bureau du Palais de Justice, je n'avais pas redormi. J'étudiai le plan que j'avais dressé point par point pour mon examen médical. Mais tout espoir n'était pas perdu. Les bulletins en provenance du *Good Samaritan Hospital* étaient optimistes. La principale inquiétude des chirurgiens n'était pas la vie de Kennedy mais le risque de dégâts irréparables au cerveau. Certes, c'était un pronostic horrible, mais ils pensaient que le sénateur avait des chances de survivre.

Pendant ce temps, à Los Angeles, les gens vivaient leur vie normale et mouraient d'une mort trop souvent brutale et inexpliquée. Le service était occupé par l'affluence quotidienne de suicides, accidents, overdoses, enfants martyrisés, victimes d'homicides.

Pendant toute la journée je fus occupé par ces morts. C'était ma fonction première. Puis, à 20 h 30, notre contact au *Good Samaritan* appela pour donner la nouvelle que je redoutais entre toutes :

– L'électro-encéphalogramme du sénateur Kennedy est plat.

Je sentis ma main se glacer sur le téléphone. Je savais que tout espoir était perdu pour le grand homme d'État américain.

J'appelai aussitôt les spécialistes de l'AFIP. Ils m'apprirent que le *Washington Post* avait pointé une caméra téléphotographique sur l'appareil qui leur avait été affecté à la base militaire d'Andrews. Dès le décollage de l'avion, le journal annoncerait que Bob Kennedy était en train de mourir.

Jusqu'à présent, aucune information officielle n'avait été rendue publique sur la détérioration de l'état du sénateur. Mais toute mon expérience passée me disait qu'il était temps de prendre une décision. Un électro-encéphalogramme plat après une blessure par balle à la tête ne pouvait signifier qu'une chose[1]. Et les experts de l'AFIP allaient mettre plusieurs heures à me rejoindre. Je leur dis :

– Venez. Tant pis pour le *Washington Post*.

* * *

Le 6 juin, à trois heures du matin, la foule muette massée devant le *Good Samaritan Hospital* abaissa les banderoles sur lesquelles était marqué « Prions pour Bobby ». C'était officiel : le sénateur Robert F. Kennedy était mort.

Je me rappelle le sentiment de désespoir qui planait au-dessus de cette foule, le visage hagard des jeunes, une religieuse en pleurs, un chapelet à la main. Je fus admis à l'intérieur de l'hôpital. Un garde me salua à voix basse devant la porte de la salle d'autopsie. J'entrai, suivi de mes deux assistants. Une heure plus tôt, j'avais dépêché sur les lieux la première équipe de mes services, au sein de laquelle se trouvaient le chargé d'enquête, l'assistant d'autopsie principal et le photographe. Je leur avais donné pour mission de trouver une salle d'autopsie, et de faire en sorte que les feuilles de surveillance et les radios soient

1. La répétition d'un tracé plat est aujourd'hui un des critères de la mort, mais ne suffit pas à la prouver.

disponibles, de même que les chirurgiens qui avaient tenté de sauver la vie de Kennedy. Lorsque j'arrivai, les employés de mon service, les observateurs délégués par le DA et le Dr Henry Cuneo, chef de l'équipe de neurochirurgie qui avait opéré Kennedy, étaient déjà rassemblés dans la salle d'autopsie.

Le corps était allongé sur une table, couvert d'un drap. Je défis les bandages qui lui entouraient la tête puis me tournai vers les chirurgiens. Immédiatement, je demandai où étaient les cheveux tombés quand on avait rasé le crâne autour de la plaie. Je savais qu'ils pouvaient contenir des preuves matérielles capitales. J'ordonnai à l'un de mes hommes de filer à la salle d'opération pour voir s'ils y étaient toujours. Ils y étaient, rassemblés en petits tas par le personnel hospitalier. Soigneusement, mon assistant les plaça dans une enveloppe. Les précieux cheveux retrouvés, je reportai mon attention sur le corps.

L'émotion que j'éprouvai à cet instant me conduisit à faire une demande inhabituelle qui surprit mes collègues médecins légistes. Sur les milliers d'autopsies que j'avais pratiquées, ce fut la première fois que je demandai à ce que le visage du défunt soit caché sous un linge. J'en éprouvais le besoin pour pouvoir exercer mes fonctions en toute sérénité, libéré de l'état nerveux dans lequel m'avait mis le décès de Bob Kennedy. Ensuite, je me recueillis un instant, tête inclinée à la mode japonaise, pour marquer mon respect au corps du défunt.

Nous commençâmes l'autopsie par les pieds et remontâmes progressivement vers la tête, à l'inverse du processus normal. Je pensais que cette méthode, menée lentement et minutieusement, permettrait un examen plus complet et plus approfondi de la victime. Il arrive parfois que l'on accorde une trop grande attention aux régions marquées par les blessures et le risque est de laisser passer un indice matériel important situé dans une autre partie du corps.

Procédant de la sorte, la première blessure que je décelai était ancienne. Le radiologiste-chef de l'hôpital m'en expliqua l'origine : Kennedy s'était cassé la jambe gauche en faisant du ski. Tandis que je notais la fracture, une image poignante me vint à l'esprit : Robert Kennedy, vivant, plein de dynamisme, descendant des pentes neigeuses, escaladant des montagnes escarpées, défiant en bateau les rapides du Colorado. Il avait tellement aimé la vie…

La première blessure récente que j'examinai était une perforation de part en part causée par une balle. L'entrée se trouvait sous l'aisselle droite, légèrement en arrière. Le projectile avait traversé de biais et était ressorti en arrière de l'épaule gauche.

La seconde blessure examinée se trouvait également sous l'aisselle, à environ deux centimètres et demi de la précédente mais, chose étonnante, la balle n'avait pas suivi la même trajectoire que l'autre. Elle avait traversé le dos dans le sens de l'épaisseur et s'était logée au niveau de la sixième vertèbre cervicale. Entre le pouce et l'index, je sortis du corps une balle déformée de calibre 22 : le premier indice tangible qui permettrait à la police d'identifier l'arme.

Je fus moins chanceux lorsqu'il s'agit de déterminer la trajectoire de la balle importante : celle qui avait causé la mort de Robert Kennedy. Le projectile était entré dans le crâne à deux centimètres et demi à gauche de l'oreille droite, dans ce qu'on appelle la région mastoïde, et s'était désintégré. Il fut possible d'analyser les fragments de métal pour établir que la balle était de calibre 22. Mais leur taille ne permettait pas d'affirmer que le projectile avait été tiré par le pistolet de Sirhan Sirhan. Cela signifiait que la découverte d'autres indices matériels serait nécessaire pour déterminer si, oui ou non, Sirhan Sirhan était bien l'assassin.

Sous l'œil scrutateur de mes assistants et de tous les observateurs présents, je pratiquai l'autopsie la plus méticuleuse de ma carrière. Or, nouvelle ironie du sort, tout le soin que j'apportai à la réalisation de mon examen n'eut pour effet que d'entériner la thèse du complot. John McKinley écrivit plus tard dans *L'Assassinat en Amérique* :

> Comparées aux diverses conjectures, les devinettes posées par les observations médico-légales pesèrent très lourd. C'est l'autopsie approfondie du Dr Noguchi qui apporta les données capitales, lesquelles, paradoxalement, donnèrent lieu à une série de questions concernant l'assassinat.

Le sort n'avait pas fini de se montrer ironique. Ce furent précisément les mèches de cheveux récupérées à la dernière minute dans la salle d'opération qui allaient en partie conduire à l'hypothèse selon laquelle Sirhan Sirhan n'avait pas tiré la balle mortelle.

***

Le lendemain de l'autopsie, un criminaliste des services de police de Los Angeles se présenta à mon bureau.

– Docteur Noguchi, nous avons retrouvé quelque chose dans les mèches de cheveux.

– Quoi?

– Des résidus de poudre, des poussières métalliques et autre chose, qui pourrait bien être de la suie.

– De la suie!

Je bondis littéralement de mon siège. Le matin même, la police m'avait fait savoir que, d'après tous les témoins de l'assassinat, Sirhan Sirhan se trouvait au moins à un mètre de Kennedy lorsqu'il avait ouvert le feu. S'il y avait de la suie dans les cheveux, cela signifiait qu'on avait tiré à quelques *centimètres* de sa tête.

Lorsqu'on tire avec une arme à feu, différentes choses sortent du canon: la balle, accompagnée de fragments de métal, des grains de poudre non brûlée et des grains de poudre brûlée que nous appelons suie, enfin une poussière de métal pulvérisé provenant de l'amorce.

Le gaz qui contient la suie est extrêmement léger. Il ne parcourt que quelques centimètres. Les grains de poudre non brûlée, qui sont plus lourds, sont projetés plus loin, entre trente et soixante centimètres. La balle et les fragments métalliques, naturellement, parcourent une grande distance en raison de leur poids.

J'examinai minutieusement les photos prises à l'infra-rouge que me montrait le criminaliste. Elles faisaient apparaître des fragments métalliques auxquels se mêlaient quelques particules de carbone: la fameuse «suie». Un autre indice indiquait peut-être que la balle mortelle avait été tirée à quelques centimètres. Je me rappelai que les grains de poudre non brûlée incrustés dans l'oreille de Kennedy dessinaient une forme circulaire. Il y avait peut-être eu de la suie sur son oreille mais elle avait disparu lors du nettoyage pré-opératoire.

La présence de suie dans les cheveux me conduisait à penser qu'au moment du coup de feu fatal, la bouche de l'arme se trouvait à une distance de deux centimètres et demi à sept centimètres et demi, environ. Il fallait procéder à un test balistique pour déterminer cette distance avec précision. J'en conçus un qui permettrait de reproduire le dessin circulaire des grains de poudre non brûlée incrustés dans l'oreille de Bob Kennedy.

L'après-midi, le technicien du laboratoire fut quelque peu surpris de ma demande.

– Sept oreilles de porc, docteur?

Je mis un terme à ses interrogations en lui expliquant ce que je comptais faire, puis je lui demandai de fixer chaque oreille de porc à des formes de toile rembourrée figurant un crâne. Ensuite, nous emmènerions ces crânes au stand de tir de la police pour effectuer un test balistique sous ma supervision.

Ce fut fait le lendemain. Un officier de police en civil s'approcha des «crânes». Je lui demandai de tirer dans chacun d'eux, en appliquant le canon de son arme sur le premier puis en l'écartant progressivement pour les suivants, de cinq millimètres, d'un centimètre, de deux centimètres et demi, de cinq centimètres, de sept centimètres et demi, puis de dix centimètres.

Je mis un casque insonorisant tandis que l'un de mes assistants mesurait la distance demandée pour chaque coup de feu. Malgré ma protection, chaque fois que le tireur pressait la détente, j'entendais la détonation, bang! et la balle perforait une tête de toile. L'homme se déplaça soigneusement le long du stand, jusqu'à ce qu'il ait tiré les sept coups de feu.

À sept centimètres et demi de la région mastoïde droite, je découvris la reproduction parfaite de la forme inscrite par les grains de poudre non brûlée sur l'oreille droite de Kennedy. À cette distance, le trou de pénétration du projectile avait aussi la même forme. Les particules de carbone retrouvées dans les cheveux du sénateur assassiné s'expliquaient. Je connaissais maintenant la position précise de l'arme du meurtre au moment où le coup de feu avait été tiré, à une distance de sept à huit centimètres derrière la tête, à moins de trois centimètres du bord de l'oreille droite. Mais je savais aussi que cette révélation semblait disculper Sirhan Sirhan. Il est bien connu que les témoins oculaires ne sont pas fiables mais, cette fois, ils étaient trop nombreux et trop unanimes pour que leur déclaration puisse être écartée. Personne dans cette cuisine bondée n'avait vu Sirhan Sirhan tirer à bout portant derrière l'oreille de Kennedy.

Outre les résultats de l'autopsie, qui attestaient d'un coup de feu tiré à bout portant, d'autres éléments semblaient indiquer que Sirhan Sirhan n'avait pas agi seul. Quatre balles avaient été tirées sur Kennedy, dont trois seulement l'avaient atteint ; l'autre avait simplement transpercé ses vêtements. Cinq personnes placées derrière Kennedy furent également touchées par des balles, qui furent récupérées dans leur corps. Et trois impacts de balles furent relevés dans le plafond. Au total, on retrouva la trace de douze balles sur les lieux de l'attentat, or l'arme de Sirhan ne contenait que huit cartouches. La police supposa que les traces des autres balles pouvaient être mises sur le compte de ricochets. Mais, jusqu'au jour de sa mort (lui aussi tomba sous les balles d'un assassin), le parlementaire Allard Lowenstein, l'un des supporters de Kennedy, soutint que Sirhan n'avait pas agi seul. D'autres enquêteurs criminels très compétents – tel Vincent Bugliosi, le DA adjoint qui fit condamner les tueurs du gang Manson – déclarèrent qu'un autre tireur était présent dans la pièce.

Quelle était la vérité?

***

Il y avait de l'animation la nuit du 4 juin 1968 dans la cuisine de l'hôtel *Ambassador*. La pièce était pleine, non seulement d'employés de l'hôtel mais aussi de jeunes participants à la campagne électorale de Kennedy et, bien sûr, de gens de l'extérieur. Le mot venait de circuler dans la salle de bal: au lieu de la traverser pour sortir, le sénateur allait passer par l'office.

Cuisiniers en toque blanche, serveurs mexicains, étudiants, alertés par la nouvelle, se mirent à jouer des coudes pour atteindre l'office, un local fermé d'environ quatre mètres et demi sur deux. Une table chauffante chargée de plateaux occupait l'un des côtés de la pièce, face à un grand distributeur de glaces. Les employés et les participants à la campagne se disposèrent grossièrement en deux files, entre lesquelles Kennedy devait passer.

– Les voilà ! cria quelqu'un.

Karl Eucker, un maître d'hôtel solidement charpenté, fut le premier à apparaître. Il pilotait Robert Kennedy et sa femme Ethel vers l'office. Le sénateur accueillit les applaudissements d'un sourire un peu timide. Il n'y avait pas de dispositif de sécurité. Tout le monde était étonné de voir que Kennedy avait décidé de quitter l'hôtel par-derrière et de laisser la foule dans la salle de bal.

Parmi les spectateurs, à la gauche de Kennedy, un chef cuisinier lança :

– Vous allez gagner, monsieur Kennedy.

L'homme d'État sourit, s'arrêta pour serrer la main que lui tendait celui qui venait de l'interpeller...

Déflagration. Un coup de feu avait claqué. Que se passait-il ?

Mais d'abord, qu'observèrent les personnes présentes ? Kennedy lança le bras droit en l'air. Ensuite, les témoins virent un jeune homme au teint basané, à demi accroupi devant le sénateur et tirant avec un pistolet qu'il tenait à deux mains.

« Lorsque l'homme a tiré, Kennedy a reculé contre le congélateur de la cuisine. Il s'est courbé en deux et a porté les mains à son visage. » Tel fut le témoignage de Boris Yaro, un journaliste du *Los Angeles Times* présent sur les lieux. Et il corroborait presque mot pour mot les déclarations de tous les autres témoins. Sirhan avait tué Kennedy en face.

Les révélations médico-légales, elles, donnaient à penser que l'assassinat s'était déroulé différemment. Quelques instants après l'entrée de Kennedy dans l'office, une arme apparut à 7 ou 8 centimètres derrière sa tête, fit feu, puis disparut. Kennedy lança le bras droit en l'air puis commença un mouvement tournant. C'est alors que d'autres coups de feu claquèrent. Une balle traversa le vêtement du sénateur, au-dessus de l'épaule, et poursuivit sa course sans le toucher. Deux autres projectiles le frappèrent à l'aisselle droite, mais ils décrivirent des trajectoires différentes parce qu'il était en train de pivoter sur lui-même. L'une traversa l'épaule en biais de l'avant vers l'arrière ; l'autre pénétra latéralement et se logea dans le bas de la nuque.

Cette reconstitution au ralenti de la scène ne pouvait déboucher que sur deux possibilités :

Soit Sirhan s'était avancé sur Kennedy et avait ouvert le feu (mouvement que personne n'avait vu) puis avait pris du recul (mouvement que personne non plus n'avait vu) pour continuer à tirer à un mètre de distance environ.

Soit une autre personne avait tiré la première balle à bout portant et s'était enfuie, après quoi Sirhan avait ouvert le feu en restant sur place à une distance d'un mètre environ.

Je n'ai jamais exclu la première possibilité. Sirhan aurait pu s'avancer puis reculer sans que quiconque le remarque. Mon expérience de médecin légiste m'a maintes fois montré que des témoins présents au sein d'une foule ne voyaient pas toujours ce qui se passait dans la réalité. Leurs yeux sont hypnotisés par la célébrité. Ce n'est qu'à contrecœur, et lorsqu'ils remarquent que quelque chose d'anormal est en train de se produire, qu'ils regardent ailleurs.

En d'autres termes, les témoins n'ont peut-être pas réellement vu ce qui s'était passé cette nuit-là. Mais deux éléments viennent mettre cette supposition en cause.

Le premier est d'origine médico-légale. Le second est la déclaration d'un témoin bien particulier.

Au plan médico-légal, nous voyons que trois balles ont atteint le sénateur Kennedy en suivant des trajectoires différentes. Cela signifie que Kennedy tournait. Cela signifie aussi que, pendant qu'il tournait sur lui-même, du temps s'écoulait. Les témoins bénéficiaient donc de quelques secondes de plus que d'ordinaire pour détourner leurs yeux de la célébrité et regarder Sirhan tirer. Et, durant ce laps de temps légèrement prolongé, lorsqu'ils le virent, il se trouvait déjà à un mètre de Kennedy, et non en train de prendre du recul.

Deuxième point, la déclaration du témoin le mieux placé est confondante. Karl Eucker, le maître d'hôtel, précédait Robert et Ethel Kennedy dans l'office. Il se trouvait entre Sirhan et le sénateur. En fait, ce fut lui qui empoigna Sirhan et l'immobilisa en le couchant sur la table chauffante. Eucker était remarquablement bien placé. Or, des années plus tard, il persistait à déclarer :

– J'ai dit aux autorités que Sirhan ne s'était jamais avancé assez près pour tirer à bout portant. Jamais !

Puis il ajoutait qu'étudier la thèse supposant la présence d'un autre tireur ne conduirait nulle part :

– Il a été décidé très tôt qu'on devait s'en tenir à Sirhan, et c'est ce qui sera fait.

En réalité, si Sirhan ne s'est pas avancé sur Kennedy, il est possible qu'un autre homme ait tiré la balle mortelle et que Sirhan, brûlant de haine contre le sénateur, ait accepté de bondir au milieu de la pièce et de tirer comme un fou pour détourner l'attention du public et permettre au véritable assassin de prendre la fuite.

En 1970, cette affaire, décidément marquée par l'ironie du sort, connut un rebondissement. À ma surprise, mon avocat, Godfrey Isaac, assura la défense de Sirhan qui demandait la révision de sa condamnation. La base de sa requête était résumée dans la déposition d'un enquêteur employé par Isaac. Cet homme n'était autre que William W. Harper, criminaliste-conseil auprès des services de police de Pasadena, en Californie, et ancien officier de renseignement de la Marine. Voici la conclusion de sa déposition :

> Il est évident qu'une importante contradiction existe entre le récit des témoins oculaires et les résultats de l'autopsie. Cette contradiction ne peut en aucun cas être réglée par l'hypothèse selon laquelle seule l'arme de Sirhan aurait été utilisée dans l'assassinat. En revanche, elle peut être balayée si nous considérons qu'une *seconde* arme a ouvert le feu d'une POSITION DE TIR B, concurremment avec celle de Sirhan, qui tirait de la POSITION A. Il va de soi que… Sirhan ne pouvait se trouver en même temps aux deux positions de tir. Aucun témoin oculaire ne l'a vu à un autre emplacement que la POSITION DE TIR A, où il fut rapidement maîtrisé par des personnes présentes sur les lieux.

La condamnation de Sirhan fut maintenue. Mais trois points plaident pour la possibilité d'un second tireur : la présence, scientifiquement établie, de suie dans les cheveux, l'angle de trajectoire différent des projectiles et le fait qu'une multitude de témoins affirme ne pas avoir vu Sirhan tirer la balle mortelle. En outre, les techniques médico-légales sophistiquées mises en œuvre ne permirent pas de prouver que ce projectile fatal avait été tiré par l'arme de Sirhan.

Et pourtant…

Mon intuition professionnelle m'a toujours dit que Sirhan avait assassiné seul le sénateur Kennedy. Il avait affirmé avec insistance avoir agi seul et il tenait un journal dans lequel il avait écrit : « RFK DOIT MOURIR. » Mais l'intuition, voire des suppositions plus élaborées ne suffisent pas. La science médico-légale ne peut s'écarter des faits patents. Personnellement, je pense que l'assassinat de Robert Kennedy doit être inscrit dans l'histoire de la médecine légale comme un phénomène typique de « psychologie de groupe », dans lequel aucun des témoins oculaires ne voit ce qui se produit réellement. Mais, tant que nous ne posséderons pas d'éléments plus décisifs sur ce qui s'est vraiment passé cette nuit-là, la présence d'un second tireur restera une hypothèse possible. C'est pourquoi je n'ai jamais affirmé que c'était Sirhan Sirhan qui avait tué Robert Kennedy.

Peut-être la vérité complète ne sera-t-elle jamais connue. Et c'est un dilemme auquel la science médico-légale moderne est parfois confrontée. Un dilemme qui, dans l'affaire Kennedy, commença avec la découverte de particules de carbone dans ses cheveux. Cette nuit tragique, Robert Kennedy devait effectivement être en train de chevaucher le neuvième rouleau. Celui-ci l'éleva à une grande victoire politique et, ensuite, l'entraîna dans la mort. En pensant à lui aujourd'hui, je me rappelle ce qu'il répondit au journaliste Jack Smith à propos de ce neuvième rouleau. En tant que médecin légiste, lorsque je considère les circonstances de son assassinat, je reprends cette réponse à mon compte : « Je ne suis pas sûr du numéro, mais je suis sûr du résultat. »

5
Les audiences

Le rapport d'autopsie Kennedy fut salué dans tout le pays comme un modèle pour toute autopsie intéressant la justice. C'était une grande victoire pour ma profession. Enfin, on accordait à la science médico-légale l'intérêt et la considération qu'elle méritait. Je ne me sentis pas moins gratifié lorsque le vote du conseil d'administration du comté de Los Angeles me confirma à titre définitif à mon poste de médecin légiste-chef.

Pour moi, c'était la réalisation d'un rêve. Et j'avais maintenant le sentiment d'être en position d'en réaliser un autre : développer et moderniser le service médico-légal. Nous étions logés dans les sous-sols du Palais de Justice et il serait à peine exagéré de dire que les rats y étaient plus nombreux que les microscopes. Il nous fallait plus d'espace et plus de personnel. En un mot, une part plus importante du budget du comté.

Le directeur administratif des services du comté était Lin Hollinger. C'était à lui qu'incombaient les décisions concernant les demandes de crédits de mon service. J'allai le trouver et lui dis qu'il me fallait non seulement embaucher du personnel pour faire face à la surcharge de travail, mais aussi des locaux entièrement neufs, à savoir, un Institut médico-légal qui coûterait plus d'un million de dollars. Il jugea que mes demandes étaient excessives. Il semblait même s'opposer à mes demandes les plus modestes. Je commis alors la faute professionnelle impardonnable aux yeux de la bureaucratie. Je m'adressai directement au conseil d'administration, sans suivre la voie hiérarchique! Je compris très vite que j'allais avoir une dure bataille à mener.

Hollinger tira le premier. Un jour que je me trouvais dans son bureau, il me regarda et se passa un doigt en travers du cou, imitant le mouvement d'un couteau égorgeant quelqu'un.

– Vous ne me ferez plus d'ennuis, déclara-t-il d'une façon tout aussi abrupte.

Stupéfait, je lui demandai ce que je lui avais fait comme ennuis. Il me répondit qu'en demandant directement au conseil d'administration d'embaucher des enquêteurs, j'étais « passé par-dessus sa tête ». Mais le pire était que le conseil d'administration avait approuvé ma demande contre l'avis de Hollinger et cela, disait-il, était intolérable. En fait son geste du doigt en travers de la gorge était clair : c'en était fini de moi.

Je savais que le directeur administratif et les membres du conseil d'administration étaient fatigués par mes perpétuelles demandes de crédits. Mais de là à me supprimer mon emploi parce que je n'avais pas respecté la sacro-sainte voie hiérarchique… Non, il devait y avoir une autre raison.

Hollinger confirma mes soupçons.

– Il va falloir partir, dit-il en agitant un dossier dans sa main. Tout le monde est contre vous, y compris les médecins. Tout le monde! Si vous ne démissionnez pas, nous vous ferons partir de force grâce à ces accusations.

J'étais tellement intrigué que, machinalement, je tendis la main vers le dossier. Hollinger le retira vivement et le fourra dans un tiroir. Puis il me déclara que tous les membres du conseil d'administration étaient d'accord avec lui : il fallait que je parte. Et, pour m'inciter à donner ma démission, il me proposa de me nommer chef du service de pathologie à l'hôpital *Rancho Los Amigos* avec le même traitement que celui que je percevais au service médico-légal.

Je lui répondis que mon travail actuel me plaisait. Mais j'étais désorienté et c'est en vaincu que je quittai son bureau.

Ma première réaction fut d'envoyer ma lettre de démission au conseil d'administration. J'étais persuadé de ne pas avoir d'autre choix. Mais, plus tard, galvanisé par un ami, David Smith, je changeai d'avis. Onze heures avant la prise d'effet de ma démission, j'envoyai un télégramme au conseil d'administration disant que je me rétractais.

Je refusais de démissionner? On me renvoya. Non moins de soixante et un chefs d'accusation furent rassemblés contre moi, probablement les plus corsés jamais retenus contre un fonctionnaire. C'était une aubaine pour les journaux. Cette petite querelle bureaucratique allait mettre du piment dans la vie locale.

Voici quelques-unes des accusations portées contre moi :

– J'avais lancé une chaussure à un chauffeur noir.

– J'avais prétendu que je rêvais de voir un 707 s'écraser pour pouvoir autopsier les victimes et devenir célèbre.

– Je souriais devant les grandes catastrophes.

– Je rêvais de voir Sam Yorty, le maire de Los Angeles, périr dans un accident d'hélicoptère.

– Je me délectais de la publicité que m'avait valu l'assassinat de Kennedy.

– J'avais menacé un employé avec un couteau.

– J'avais décrit à mes collaborateurs une vision merveilleuse que j'avais eue : un avion de ligne à réaction s'écrasait sur un hôtel et moi, Thomas T. Noguchi, je m'avançais au milieu des flammes, et toute la presse était là.

– J'avais raconté que j'avais envie d'autopsier Lin Hollinger vivant.

En un mot comme en cent, j'étais sérieusement dérangé.

J'étais furieux et, en même temps, je pensais qu'il était inutile, voire peut-être suicidaire, de chercher à me battre. Le conseil d'administration allait produire des témoins pour appuyer ses accusations et ma réputation serait définitivement flétrie. Même si je pouvais prouver que ces accusations étaient fausses, j'allais être étiqueté comme une espèce de fou rêvant d'hécatombes et de catastrophes collectives. Il ne me serait plus jamais possible de trouver du travail dans ma branche.

J'en étais là lorsqu'un homme me sauva littéralement la vie. Sur le conseil d'un ami, j'allai trouver l'avocat Godfrey Isaac, mais je lui expliquai que je ne voyais pas l'intérêt de lutter puisque, de toute façon, le conseil d'administration du comté avait décidé de me mettre à la porte.

Isaac ne partageait pas du tout ce point de vue. Ces accusations honteuses avaient été dressées *et* rendues publiques, expliquait-il. Si je laissais faire, tout le monde allait penser qu'elles étaient authentiques. Il avait raison : j'étais obligé de répondre.

Isaac était un petit personnage tiré à quatre épingles. Il avait le sens du contact et faisait fi des formalités. On m'avait dit que c'était un avocat d'assises remarquable, qu'il pratiquait le difficile art du contre-interrogatoire avec un talent hors du commun et qu'il allait toujours jusqu'au bout dans la défense de ses clients. Il me plut immédiatement et, lorsqu'il accepta d'assurer ma défense, j'aperçus, pour la première fois, une petite lueur d'espoir à l'horizon.

Plus il avançait dans l'étude de mon affaire, plus Isaac était convaincu que l'action du conseil d'administration était dictée par des motifs cachés. « Il me semblait, écrivit-il par la suite, que Noguchi était en butte aux accusations pour des raisons toutes simples de préjugé. On voulait le faire tomber parce qu'il était japonais, ni plus ni moins. »

Je ne voulais pas le croire. Mais Isaac me convainquit que ma renommée professionnelle était en jeu. Je devais me battre pour la sauver. Nous portâmes l'affaire devant la Commission d'Inspection des Services de Los Angeles. Tout était en place pour que puisse commencer ce que les journaux allaient appeler « le procès sans doute le plus sensationnel de l'histoire de Los Angeles ».

* * *

Tandis que nous préparions ma défense, un premier problème se posa. Il fallait de l'argent pour les frais de justice. J'en avais très peu personnellement. Des amis imaginèrent que la communauté américano-japonaise pourrait venir à mon aide. Il apparut très vite que cet espoir était vain. Nombreux, en effet, étaient les membres de cette communauté qui jugeaient que je les avais mis dans une situation délicate. C'était clair : les Américano-Japonais pensaient que les accusations publiées dans les journaux étaient fondées. C'est ainsi que, par manque de fonds, ma défense devint une affaire de famille. Hisako et moi retirâmes toutes les économies que nous avions en banque et Roena, la femme d'Isaac, se chargea de mener les enquêtes nécessaires.

La date d'audience devant la Commission d'Inspection des Services fut fixée au 12 mai 1969. Au jour dit, une foule impressionnante se massa dans le prétoire. Lorsque je m'assis à la table de la défense, tous les yeux se braquèrent sur moi, y compris celui d'une caméra de télévision. Les journalistes avaient, en effet, demandé – et obtenu – l'autorisation de filmer ce « procès » in extenso.

Martin Weekes, l'avocat du comté, se leva et prononça l'interminable liste des attendus. La cour fut fortement ébranlée, non seulement par la teneur de cette liste mais aussi par la voix de Weekes, clamant avec une vibrante émotion ces accusations qu'il se faisait fort de démontrer.

Weekes prétendit que j'avais dansé dans mon bureau pendant que le sénateur Kennedy était en train d'agoniser et que j'avais déclaré l'air réjoui : « Pourvu qu'il meure ! Cela me rendra célèbre dans le monde entier. » Le jour où deux gros avions de ligne étaient entrés en collision près de Los Angeles, j'avais été très déçu par le nombre de morts entassés à la morgue. Parce, d'après Weekes, je m'étais fixé un chiffre magique : 14 000. C'était le nombre de décès que je voulais avoir traités durant ma première année au poste de médecin légiste-chef.

Ensuite, Weekes révéla pourquoi sa voix était brisée par l'émotion. Il avait appris le matin même la mort de mon adjoint noir Lewis Sawyer. Selon ses propres termes, j'avais accablé le malheureux de travail jusqu'à ce qu'il tombe. Et il avait fini par tomber. Après réflexion, Weekes jugea tout de même préférable de préciser rapidement que Sawyer était atteint d'un cancer. Isaac me murmura à l'oreille :

– Il a l'air troublé parce qu'il a oublié de mentionner que vous étiez cancérigène. Cela lui aurait fait soixante-deux chefs d'accusation au lieu de soixante et un.

Le premier témoin à charge appelé à la barre pour appuyer l'accusation selon laquelle j'avais souhaité qu'un 707 tombe du ciel fut Herbert McRoy, le responsable administratif de mes services. Il déclara m'avoir entendu formuler ce vœu en mai 1968 après que deux hélicoptères se furent écrasés au sol. Et il ajouta que j'avais répété plusieurs fois cette déclaration en sa présence et en présence de mes secrétaires.

Ainsi je priais le ciel pour qu'il m'envoie des accidents ! Mais cela ne suffisait pas. Lorsque McRoy eut terminé, un enquêteur du nom de Day témoigna qu'au plus fort d'une épidémie de grippe, je m'étais promené, l'air réjoui, au milieu d'une morgue peuplée de cadavres. D'après Day, chaque fois qu'une tragédie se produisait, qu'il s'agît d'accidents d'hélicoptères ou de l'assassinat de Kennedy, j'avais toujours une expression radieuse sur le visage.

– Ce n'est pas une expression appropriée à de telles situations, conclut-il.

Le témoignage de Day sur mon « air radieux » était tellement grotesque qu'Isaac passa rapidement sur le contre-interrogatoire. Mais, un peu plus tard, il produisit notre propre témoin qui fit éclater la salle de rire en déclarant :

– Pas étonnant qu'un Japonais ait l'air radieux pendant une catastrophe. Ils ont perpétuellement le sourire aux lèvres quoi qu'il arrive.

Ensuite, ce fut au tour d'une ancienne secrétaire, Eleanor Schmidt, de témoigner. Elle affirma que je désignais les Asiatiques par le sobriquet de «*yellow submarines*». Elle dit un peu plus tard qu'elle m'avait un jour vu prendre un couteau et lacérer une feuille de papier en déclarant d'un ton sinistre :

– Je pourrais utiliser ce couteau pour autopsier des personnes vivantes, M. Hollinger, par exemple…

Une autre secrétaire, Ethel Fields, m'accusait d'être raciste. Je haïssais les «nègres, les juifs et les Japs», affirma-t-elle. Elle semblait oublier que j'étais moi-même japonais. Les inspecteurs de la commission avaient dû le remarquer, eux, car j'en vis plusieurs qui faisaient visiblement un effort pour ne pas éclater de rire.

D'après Mlle Fields, j'étais également assoiffé de publicité. Lorsque je faisais une allocution, je lui demandais d'actionner mon petit récepteur d'appel pour me donner des airs de personnage important. Mais non content de cela, j'avais aussi un vocabulaire obscène.

> Q. – Quels mots prononçait-il, mademoiselle?
>
> R. – Eh bien, il disait souvent «nom de Dieu». Et puis, d'autres fois, il disait «putain». Un jour, en ouvrant une lettre qui contenait de mauvaises nouvelles, je l'ai entendu dire : «Putain de nom de Dieu de bordel de merde!»

Éclat de rire dans la salle.

Q. – Son langage vous heurtait-il?
R. – Ah oui! J'étais plutôt choquée!

Mlle Fields déclara aussi que j'attendais avec impatience la mort du sénateur Kennedy.

– En ce qui concerne les hélicoptères, il a dit qu'il espérait que ce ne seraient pas les seuls à s'écraser et qu'il fallait qu'ils tombent dans son secteur de juridiction, que la presse serait là et qu'il deviendrait célèbre dans le pays et dans le monde entier.

Q. – Quelles déclarations a-t-il faites au sujet des autres accidents d'avion?
R. – Il a dit aussi qu'il espérait que d'autres gros avions commerciaux s'écraseraient pour qu'il puisse prendre les affaires en main.

Ces témoignages de mes propres secrétaires concernant l'affaire Kennedy et les catastrophes aériennes pouvaient être très ennuyeux. Mais le contre-interrogatoire fit apparaître des informations dont même Isaac fut surpris.

Q. – Qui vous a révélé ce que vous appelez «toute l'histoire» (celle de mes déclarations au sujet de Kennedy et des catastrophes aériennes)?
R. – J'en ai lu une partie dans les journaux.

Isaac sursauta. Lui qui semblait habituellement très bien maîtriser ses contre-interrogatoires venait d'être pris au dépourvu.

> Q. – Vous voulez dire qu'une partie de votre témoignage provient de ce que vous avez lu dans les journaux?
> R. – Oui, et aussi de ce que m'a raconté Me Weekes (l'avocat du comté)… de ce que tout le monde m'a raconté.

La déposition d'Ethel Fields, présentée comme le reflet d'événements vécus par elle, lui avait apparemment été suggérée par les journaux et l'avocat du comté.

> Q. – Avez-vous lu dans les quotidiens de Los Angeles les articles racontant que le Dr Noguchi invoquait le ciel pour que des catastrophes se produisent?
> R. – Non, je ne lis pas le *Los Angeles Times*. Je lis seulement le (nom d'un journal local).
> Q. – Est-ce dans ce journal que vous avez lu les déclarations du Dr Noguchi au sujet des catastrophes aériennes?
> R. – Oui, maître.
> Q. – Est-ce également par le journal que vous avez pris connaissance des réactions du Dr Noguchi à l'occasion de l'affaire Kennedy?
> R. – Oui, maître.

Cette déposition d'Ethel Fields créa une certaine émotion chez les inspecteurs et symbolisa le revirement des audiences en ma faveur. Les témoins à décharge commencèrent à défiler à la barre: des secrétaires qui témoignèrent que j'étais un «excellent patron», et que je payais de ma poche leur pot de Noël. Une douzaine d'employés déclarèrent sous la foi du serment qu'ils ne m'avaient jamais entendu souhaiter aucune catastrophe.

La question à débattre était maintenant celle de ma santé mentale. Étais-je fou? On consulta le Dr Frederick Hacker, un éminent psychiatre qui avait étudié mon dossier en prévision de l'audience.

– Le Dr Noguchi est-il normal?

– Non, répondit Hacker. Il est super-normal. On ne peut pas qualifier de simplement «normal» un homme qui est parvenu à réaliser tout ce qu'il a réalisé.

Un pathologiste fut appelé à la barre pour témoigner sur la façon dont j'avais autopsié Robert Kennedy.

– Ce fut, dit-il, ce que j'appellerais une autopsie complète. Aussi complète que puisse en réaliser un médecin légiste. Le travail attestait d'un remarquable sens de la méthode.

La voix de Weekes retentit dans la salle d'audience:

– Objection! Puis-je solliciter un entretien avec la cour, monsieur le Président?

Je restai assis et regardai les deux avocats conférer avec les inspecteurs. Isaac m'expliqua par la suite ce qui s'était passé. Weekes avait demandé que les inspecteurs n'entendent pas la déposition de notre témoin sur l'autopsie de Kennedy. Son motif? Le rapport d'autopsie avait été versé au nombre des preuves matérielles dans le procès de Sirhan Sirhan et une «bataille» juridique à son sujet risquait de provoquer un «incident international». En réalité, m'expliqua Isaac, Weekes ne voulait pas que ma compétence soit mise en avant et utilisait ce prétexte fallacieux pour éviter que le rapport ne soit présenté.

Visiblement, les arguments avancés contre moi étaient en train de s'écrouler. Le rapport d'autopsie fut présenté, ce qui acheva de les jeter à terre.

Comprenant que l'action du comté était d'une injustice flagrante, les médias basculèrent sans réserve de mon côté. Il en alla de même de la communauté américano-japonaise. Elle créa un groupe appelé JUST (*Japanese United in Search of Truth :* Les Japonais unis dans la Recherche de la Vérité) qui aida à collecter des fonds pour ma défense.

Ensuite, chaque journée d'audience fut presque une fête. Pour la plupart des gens qui s'entassaient dans le prétoire, j'étais devenu un héros. À la barre, le défilé des témoins déposant en ma faveur se poursuivait. Et Isaac s'efforçait de montrer que les accusations retenues contre moi reposaient sur de vulgaires malentendus ou étaient, tout simplement, dénuées de fondement. Charles Maxwell, responsable du dépositoire, déclara m'avoir effectivement entendu souhaiter l'écrasement d'un 707.

> Q. – Lorsque le Dr Noguchi parla de cet accident (d'un 707), vous vous rendiez compte que c'était de la facétie, n'est-ce pas? L'avez-vous pris au sérieux?
> R. – Bien sûr que non.

Un autre témoin expliqua :

– Dans la médecine légale, nous avons un sens de l'humour un peu particulier que d'autres pourraient mal interpréter. Mais, étant donné la profession que nous exerçons, les plaisanteries ont pratiquement une importance vitale pour nous. Bien sûr certains peuvent dire qu'il s'agit d'humour noir, ou macabre…

Q. – Ce genre de plaisanterie est-il monnaie courante dans votre profession?
R. – Oui, absolument. Mais, comme je l'ai dit, si d'autres gens entendaient les remarques que nous échangeons, ils pourraient mal les interpréter.

Finalement, le comté tira sa dernière – et sa plus importante – cartouche : Lin Hollinger, le directeur administratif qui avait été l'instigateur des accusations. De l'avis d'Isaac, il déposa comme un dieu descendu de l'Olympe. Sa voix était autoritaire. L'écho de ses accusations retentissait entre les murs de la salle d'audience. Il donna l'impression que flanquer un petit coroner à la porte n'était pour lui qu'une formalité. Naturellement, chaque chef d'accusation avancé contre moi était parfaitement justifié. Comment le savait-il ? Mais... son personnel avait enquêté sur les allégations entendues et avait constaté que toutes étaient authentiques. D'ailleurs, un seul de ces chefs d'accusation, s'il était démontré, suffirait à me faire renvoyer, alors que dire de soixante et un ! Hollinger affirma qu'à son point de vue : « La démission du Dr Noguchi était parfaitement justifiée. »

Éprouvait-il une quelconque forme d'animosité à l'égard de Noguchi? Non, aucune. Et le geste de se trancher la gorge? Il ne l'avait jamais fait.

Les inspecteurs furent impressionnés par la raideur outragée de ce fonctionnaire de haut rang. Hollinger était renommé dans le comté pour l'efficacité de ses méthodes de travail (efficacité confinant parfois à la brutalité). Mais, dans le cours de son brillant contre-interrogatoire, Isaac trouva le défaut de la cuirasse.

– Monsieur Hollinger, lui demanda-t-il, est-il exact que vous ayez préconisé la révocation du Dr Noguchi parce que vous pensiez qu'il souffrait de troubles émotionnels ne lui permettant plus de pratiquer des autopsies?

– C'est parfaitement exact.

– Monsieur Hollinger, est-il vrai que, lorsque vous avez demandé au Dr Noguchi de vous remettre sa démission, vous lui avez offert, en contrepartie, un emploi de pathologiste à l'hôpital de *Rancho Los Amigos?*

– Oui, maître, répondit Hollinger.

– Ne trouvez-vous pas quelque peu discutable cette idée d'envoyer un homme jugé trop perturbé pour disséquer des cadavres dans un hôpital où il sera appelé à opérer des personnes en vie?

Hollinger accusa le coup. La contradiction était évidente. Il resta muet de stupeur. Je pense que c'est à cet instant que les inspecteurs de la commission se posèrent cette question: «Quelle est la véritable raison du renvoi de Noguchi?» Certes, j'avais peut-être fait un peu trop parler de moi, admettons même que la publicité ne me déplaisait pas. J'étais un extraverti dans une profession qui demandait le calme et la sérénité. Certes, je me livrais à des plaisanteries qui pouvaient paraître déplacées dans le bureau d'un coroner. Et, si j'avais irrité le conseil d'administration, c'était simplement que j'étais ambitieux pour moi-même et pour mon service. Mais, quels que fussent les menus travers de ma personnalité, l'avocat du comté avait été incapable de jeter le moindre discrédit sur mes compétences professionnelles.

Le 31 juillet 1969, Richard Capen, président de la commission, se leva devant une salle comble et prononça le verdict:

– Nous, Commissions d'Inspection des Services du comté de Los Angeles, après avoir, pendant plus de six semaines d'audience, entendu plus d'un million de mots, estimons qu'aucune des accusations portées contre le Dr Thomas T. Noguchi n'a été démontrée. En conséquence de quoi, il est, à compter de cet instant, rétabli dans ses fonctions.

De tout le pays, mes confrères médecins légistes me câblèrent leurs félicitations. Ils considéraient ma réintégration comme une victoire pour la profession tout entière. Mais, malgré la victoire dans cette bataille, les invraisemblables allégations avancées contre moi n'allaient pas être faciles à gommer. Parfois, lorsque je me trouvais face à des étrangers, j'avais l'impression qu'ils s'attendaient à me voir pousser des ailes, m'envoler, rictus aux lèvres, dans les airs et abattre un 707.

Il allait me falloir des années d'efforts et de sérieux scientifique pour me refaire une réputation. Mais, en cette année 1969, je m'estimais déjà bien heureux de pouvoir retrouver mon bureau pour exercer le travail que j'aimais entre tous. Puis, huit ans seulement après ma réintégration, une affaire tragique frappa Los Angeles et fit trembler le monde d'horreur. Je me retrouvai face au meurtre collectif le plus sauvage de ma carrière.

6

AFFAIRE MÉDICO-LÉGALE N° 69-8796

Sharon Tate

Une route sinueuse et isolée serpentait au flanc d'une colline de Bel Air pour s'arrêter à l'entrée d'une propriété haut perchée. Une clôture de barbelés délimitait les lieux. La grille de fer était verrouillée. Derrière la clôture, on pouvait voir, entre les arbres, une maison en bois de séquoia, dressée au milieu d'une grande pelouse, et une piscine. Une petite maison d'amis, derrière l'habitation principale, servait de logement provisoire à l'homme à tout faire, William Garretson, âgé de dix-neuf ans. Un autre jeune homme, Steven Parent, qui venait de rendre visite à Garretson, s'apprêtait à partir. Minuit venait de sonner en ce 9 août 1969.

À l'intérieur de la grande maison, se déroulait une paisible réunion d'amis. Quatre princes et princesses de Beverly Hills se détendaient dans la demeure louée par Sharon Tate et son mari, le cinéaste Roman Polanski. Grande femme mince, brune aux yeux bruns et aux pommettes haut placées, Sharon Tate était considérée comme l'une des actrices les plus prometteuses de Hollywood. À vingt-six ans, elle avait déjà tourné dix films et un brillant avenir s'ouvrait à elle. Mais, à ce moment, son bonheur était ailleurs. Il était incarné par le futur bébé qu'elle portait depuis huit mois. Son mari tournait en Europe et elle attendait son retour avec impatience.

Abigail Folger était l'héritière de la fortune des cafés Folger. En parlant d'elle par la suite, des larmes dans les yeux, son père allait décrire «Gibby» comme une brave jeune fille de Radcliffe qui s'était brusquement retrouvée au milieu de ce nouveau monde de Hollywood. La raison de sa présence était un grand jeune homme nommé Voyteck Frykowski, ami de Roman Polanski. Vaguement fortuné et tout à fait séduisant, Frykowski pilotait des voitures de course et avait participé au financement de plusieurs films de Polanski. Deux fois marié, il courtisait maintenant Abigail Folger. Les deux jeunes gens étaient les invités de Sharon Tate depuis plusieurs semaines.

L'autre «prince» de la soirée ne méritait probablement sa couronne qu'aux yeux de la belle société de Beverly Hills. Jay Sebring, coiffeur et propriétaire de salons à Hollywood et dans tout le pays, avait été jadis le fiancé de Sharon Tate. Mais il s'était lié d'amitié avec l'actrice et son mari, qui l'invitaient fréquemment chez eux.

À minuit, Sharon Tate se reposait dans son lit, simplement vêtue d'un soutien-gorge à fleurs et d'une culotte. Jay Sebring lui faisait la conversation, assis au bout du lit. Abigail Folger, vêtue d'une chemise de nuit blanche, s'était retirée dans sa chambre, de l'autre côté du vestibule. Elle lisait. Voyteck Frykowski, son amant, était tombé endormi sur un divan du salon.

Tout était paisible au 10050 Cielo Drive.

Quelques minutes plus tard, une voiture remonta lentement la route obscure qui menait à la propriété isolée. À l'intérieur du véhicule, un homme, Tex Watson, et trois jeunes filles, Susan Atkins, Katie Krenwinkle et Linda Kasabian. Les filles tenaient des couteaux sur leurs genoux. La voiture fit halte près de la clôture et Watson descendit. Il avait à la main une grande pince coupante à poignées rouges. Tandis que les filles faisaient le guet, il escalada vivement un poteau métallique et, d'un coup sec, sectionna le fil du téléphone. Puis les quatre jeunes gens regagnèrent leur voiture qu'ils allèrent garer hors de vue de la maison.

Il était environ 0 h 18 lorsqu'ils revinrent à la clôture. Les filles, en jeans et T-shirts, étaient nu-pieds. Elles tenaient à la main des vêtements sombres ainsi que les couteaux effilés qu'elles avaient apportés. Le groupe franchit la grille et commença à marcher vers la maison. Mais, problème, des phares trouèrent la nuit.

– À plat ventre ! Vite ! murmura Watson.

Les filles s'aplatirent sur la pelouse et regardèrent Watson s'avancer vers la voiture qui avait fait halte devant la grille. Puis elles entendirent la voix du jeune conducteur :

– Non ! Ne me faites pas de mal ! Je ne dirai rien !

Bang ! Un coup de feu, puis d'autres. Stephen Parent s'écroule sur le volant de sa voiture. Puis il glisse, mort, sur le siège du passager.

Chose étrange, ni Garretson ni les occupants de l'habitation principale n'entendent les coups de feu. Tendus, les intrus scrutent la nuit, s'attendant à voir quelqu'un attiré par le bruit sortir de la maison. Personne. Ils enfilent rapidement les vêtements sombres qui leur permettent d'être pratiquement invisibles dans le noir. Puis, le couteau à la main, les trois filles s'élancent, pieds nus, sur les traces de Watson qui marche vers les fenêtres éclairées.

Trente minutes plus tard, des hurlements hallucinants retentissent près de la maison. Ce sont Frykowski et Abigail Folger qui tentent de s'échapper. Ultérieurement, Susan Atkins racontera à sa compagne de cellule la prière implorante de Sharon Tate :

– Je veux vivre ! suppliait-elle. Je veux avoir mon bébé !

***

Le lendemain matin, ambulance et véhicules de police étaient alignés sur la petite route devant le terrain boisé de la propriété. Le lieutenant de la brigade criminelle de Los Angeles me salua lorsque je franchis la grille. Mes assistants et auxiliaires paramédicaux étaient déjà rassemblés autour de deux cadavres gisant sur la pelouse, face à la maison.

On m'informa qu'un autre cadavre avait déjà été transporté dans notre fourgon. Il avait été découvert dans une Rambler, près de la grille, à quelques pas de l'endroit où les journalistes s'étaient agglutinés. Une Rambler à cet endroit ? Étrange, pensai-je. Que pouvait faire le propriétaire de cette voiture bon marché dans un endroit où ne vivaient que des millionnaires ? J'entrai dans le fourgon et examinai rapidement le corps. C'était celui d'un jeune homme, abattu d'une balle en pleine tête.

– Il y a un employé, un gamin du nom de Garretson, m'informa le lieutenant. Il est vivant. Il logeait dans la dépendance et ils ne l'ont pas trouvé. Il nous a dit que le jeune homme sortait de chez lui.

Le second corps que j'examinai était étendu à une soixantaine de mètres de la maison. Mon collaborateur souleva le drap et je découvris un homme, blanc, vêtu d'une chemise violette, d'un maillot de corps et d'un pantalon pattes d'éléphant, le tout saturé de sang. On m'apprit qu'il se nommait Voyteck Frykowski.

De ma vie, je n'avais vu autant de sauvagerie déployée contre une personne. Le visage et la tête étaient ensanglantés et écrasés par les coups. Le ventre, la poitrine, le dos, les membres étaient criblés de coups de couteau. L'autopsie allait révéler qu'il avait reçu cinquante et un coups de couteau, qu'il avait été frappé à l'aide d'un instrument contondant et que deux balles lui avaient été tirées dans le dos.

Je soulevai la chemise et le maillot de corps pour examiner les blessures. L'afflux de sang cessant en même temps que les battements du cœur, le médecin légiste peut savoir si une blessure a été infligée avant ou après la mort. Il m'apparut immédiatement que Frykowski avait été frappé à de multiples reprises soit après sa mort, soit pendant qu'il expirait. Il en allait de même pour les autres victimes.

Le corps suivant était celui d'une femme blanche, jolie, avec de longs cheveux en désordre. Vêtue d'une chemise de nuit blanche maculée de sang, Abigail Folger était allongée sur le dos, les bras en croix. Elle aussi avait reçu une multitude de coups de couteau, tant par-devant que par-derrière.

Pénétrant dans la maison, je commençai à inspecter la salle de séjour. Près de la porte, je remarquai des débris provenant d'une crosse d'arme brisée. De véritables flaques de sang inondaient le sol et, dans le bas de la porte d'entrée, un mot était écrit en lettres de sang: «PIG» («Porc»).

Je me tournai vers le lieutenant:

– À votre avis, qu'est-ce que cela signifie?

– Je ne sais pas, répondit le jeune homme. Les Noirs qualifient les flics de «porcs», mais il n'y a pas de flic parmi les victimes.

Au centre de la pièce, face à la cheminée, se trouvait un canapé recouvert d'un grand drapeau américain. Je le contournai et vis deux autres corps.

La victime masculine, Jay Sebring, était habillée avec style d'un pantalon blanc orné de bandes longitudinales bleues, d'une chemise bleue à col ouvert, de bottes noires et d'un large ceinturon. Comme Frykowski, il présentait des blessures par balles et de nombreuses blessures à l'arme blanche. Une serviette souillée de sang lui entourait la tête comme un casque et une corde était nouée autour de sa gorge.

Mais la vision la plus éprouvante était celle de Sharon Tate, enceinte et tuée de multiples blessures à l'arme blanche. Elle gisait, les jambes repliées, comme pour protéger son enfant à naître. La corde liée au cou de Sebring était également nouée au sien. Les tueurs l'avaient fait passer par-dessus une poutre, probablement pour pendre leurs victimes.

Je détaillai le visage de Sharon Tate et notai une brûlure causée par le frottement de la corde. Je demandai à l'un de mes hommes d'examiner le dessus de la poutre. Si la trace laissée dans le bois par la corde était profonde, nous saurions, à coup sûr, qu'ils avaient été pendus.

Mon assistant monta sur le canapé et me répondit bientôt qu'il y avait une légère éraflure sur le bois. Cela indiquait que Sharon Tate et Sebring n'avaient été que partiellement suspendus par leurs meurtriers, les pieds restant en contact avec le sol.

Je me demandais, à la vérité, pour quelle raison ils avaient bien pu être pendus de la sorte. Je me tournai à nouveau vers le lieutenant de la criminelle pour l'interroger.

– D'après vous, qu'est-ce qui s'est passé ici?

– Nous pensons que c'est lié à une affaire de drogue, Docteur. Il y a de la came partout dans cette maison.

Le rapport de police établi ultérieurement allait faire état des types et quantités de drogues retrouvées sur les lieux et dans les alentours :

– 30 grammes de haschich et 10 capsules de MDA – un hypnotique – dans la chambre à coucher de Frykowski et Abigail Folger.

– 1 gramme de cocaïne, 6 grammes de marijuana et 1 cigarette de marijuana partiellement fumée dans la voiture de Sebring.

– 6,9 grammes de marijuana enveloppée dans un sac de plastique dans un placard de la salle de séjour.

– Des résidus de marijuana dans un cendrier posé sur une table près du lit de Sharon Tate.

Une tuerie liée à une affaire de drogue pouvait signifier que les victimes avaient renâclé à payer et que, soit une bagarre avait aussitôt éclaté avec les vendeurs, soit ceux-ci étaient revenus plus tard pour exercer des représailles. La drogue pouvait également expliquer cette violence ahurissante. Sous son emprise, les assassins avaient perdu tout contrôle d'eux-mêmes et s'étaient sauvagement acharnés sur leurs victimes. Les criminels fortement compromis dans le trafic de drogues étaient fréquemment des Noirs et le mot «porc», qui faisait partie de leur vocabulaire, avait été tracé en lettres de sang sur la porte.

Pendant des semaines, l'affaire de drogue allait rester la thèse dominante des services de police de Los Angeles. Engagés sur cette piste, ils allaient me demander de cacher provisoirement à la presse que des stupéfiants avaient été découverts sur les lieux du massacre. Ils avaient des soupçons à l'égard de deux «dealers» et me demandèrent ma collaboration. J'acceptai mais, dès mon entrée dans la maison, j'avais des doutes sur cette théorie. Cette pendaison symbolique me chagrinait, surtout dans le contexte d'une tuerie aussi déroutante. Pour moi, le massacre qui avait eu lieu dans la maison de Sharon Tate tenait plutôt du crime rituel.

Je savais qu'une secte religieuse de San Francisco pratiquait un culte vaudou comportant des sacrifices d'animaux. Nous avions été récemment informés que cette religion mettait des communautés en place dans Los Angeles. Mais il n'y avait ici aucune trace de sacrifices d'animaux. Tandis que je cherchais une explication, mes yeux tombèrent sur le grand drapeau américain qui recouvrait le canapé. Les meurtres pouvaient-ils être l'œuvre d'un groupe d'extrême droite ultra-patriote? Mais cette hypothèse tomba lorsque j'interrogeai Garretson et qu'il me répondit:

– Le drapeau a toujours été là. Il y était quand ils ont pris la maison.

Lorsque mon examen des lieux fut terminé, les hommes préparèrent les corps pour le transport vers la morgue, enveloppant les mains dans des sacs de papier de sorte que toute trace de cheveux ou de peau retenue sous les ongles au cours d'une lutte soit conservée. Ensuite, ils les transportèrent sur des chariots vers les fourgons qui attendaient.

Près de la clôture, les journalistes bousculaient le cordon de police. Micros et caméras de télévision se dressaient entre les têtes.

– Docteur Noguchi ! Docteur Noguchi ! Que s'est-il passé ? Est-ce que c'était une partouze ? Comment sont-ils morts ?

Je secouai négativement la tête.

– Aucun commentaire pour le moment, répondis-je.

Je pris place dans la voiture de la brigade médico-légale, traversai lentement la foule puis descendis la route que les tueurs avaient dû emprunter la nuit précédente. Après Beverly Hills, je m'engageai dans Hollywood. Les « flower children » qui, en 1969, avaient pris possession, d'une partie du boulevard, étaient là. Cheveux longs, barbe, jeans, sandales, chaînes, foulards, guitares et sacs à dos, les hippies au sourire angélique portaient l'emblème de l'amour et de la paix mais martelaient de coups de poing les voitures de ceux qui ne voulaient pas les prendre en stop. Refrains d'amour mais sur un air de violence.

Cependant, la plupart des violences dont j'avais eu vent n'impliquaient que des hippies entre eux et non des gens du monde extérieur. Pour eux, ce monde, peuplé de « conformes », n'existait même pas, sauf lorsqu'il s'agissait de le tourner en dérision. Ils avaient « tout plaqué » pour vivre en communauté dans les campagnes ou dans des quartiers bien délimités comme Haight-Ashbury à San

Francisco, ou la section centrale de Hollywood traversée par le Sunset Boulevard. Ils s'aventuraient rarement en dehors de ces zones. Et c'est pour cette raison que ni la police, ni moi-même ne les avions soupçonnés dans le meurtre de Cielo Drive. Il faut dire que ce n'était pas leur genre de s'introduire dans les propriétés des secteurs résidentiels, que ce soit pour tuer ou, simplement, voler.

Nous nous arrêtâmes à un feu rouge sur le boulevard. Deux gamines de quinze ou seize ans portant cheveux longs et jeans coupés regardèrent dans la voiture.

– T'as vu? dit l'une d'elles. C'est le coroner japonais.

– Salut, m'sieur l'croque-mort, me fit l'autre. Qui c'est que vous enterrez, aujourd'hui?

***

Leno et Rosemary LaBianca étaient aussi «conformes» que les victimes de l'affaire Sharon Tate. LaBianca était P-DG d'une chaîne de supermarchés. Sa femme tenait un magasin de confection féminine. Ils habitaient le quartier Los Feliz de Los Angeles, un secteur réservé aux gens aisés.

La voiture qui s'arrêta près de leur maison, le 10 août 1969 vers 1 heure du matin était pleine de jeunes assassins. Aux quatre responsables du massacre de Cielo Drive, s'ajoutaient maintenant une nommée Leslie Van Houten et un certain… Charles Manson.

Manson n'était pas encore cette incarnation barbue du mal qui, par la suite, devint familière à des millions d'Américains. C'était un garçon de petite taille, sec, nerveux et soigneusement rasé. Il descendit de voiture, une arme à feu en main, et disparut dans le noir en direction de la demeure des LaBianca. Moins d'une demi-heure plus tard, il était de retour.

– Ils sont prêts, annonça-t-il.

– Comment ça s'est passé?

– Il y a un bonhomme et sa femme, là-dedans. Je les ai ficelés et je leur ai dit: «Soyez tranquilles. Nous n'allons pas vous faire de mal.»

Tex Watson, Katie Krenwinkle et Leslie Van Houten sortirent de la voiture et se dirigèrent paisiblement vers la maison où attendait le couple terrorisé à qui l'on avait promis de ne pas faire de mal.

***

À 11 heures le lendemain matin, j'étais en train d'autopsier Sharon Tate tandis que deux de mes adjoints s'occupaient des autres victimes. Les seize coups de couteau dénombrés sur le corps de la jeune femme firent l'objet d'un examen particulièrement minutieux. La police, en effet, m'avait informé que les responsables de la sanglante orgie avaient emporté les couteaux, vraisemblablement pour ne pas laisser de traces compromettantes derrière eux. Ce qu'ignoraient les meurtriers, c'est que la science médico-légale pouvait reconstituer de façon très précise la forme et la dimension de ces couteaux.

Je commençai par mesurer l'entrée de l'une des blessures, ce qui me renseigna sur la largeur et l'épaisseur de la lame. Ensuite, je cherchai des traces de meurtrissures au point de pénétration. De telles meurtrissures indiquaient que le manche ou la garde du couteau avaient atteint la chair et que, donc, la lame entière avait pénétré dans le corps. Ainsi, les blessures avec meurtrissures me permettraient de déterminer la longueur de la lame à partir de la profondeur de la coupure. La phase suivante consisterait à introduire de la pâte de sulfate de baryum. Ensuite, une radiographie et une étude des blessures allaient me permettre de communiquer à la police les caractéristiques du couteau qui avait tué Sharon Tate, en précisant non seulement qu'il était à double tranchant mais possédait une extrémité pointue.

Plus tard, lors du procès, cette précision allait s'avérer importante, car l'arme du meurtre ne fut jamais retrouvée. Le décrivant de mémoire, Linda Kasabian – qui était devenue témoin pour l'État – allait dire qu'il mesurait entre quatorze et seize centimètres. D'après mon autopsie, le couteau mesurait 12,7 centimètres. Elle déclara que l'arme avait une largeur d'environ 2,5 centimètres. Je l'avais située dans une fourchette de 2,5 à 3,5 centimètres. Nous étions également d'accord en ce qui concernait l'épaisseur approximative. Puis vint l'argument sans réplique. Kasabian déclara que le couteau avait été affûté sur les deux tranchants et qu'il avait un bout pointu. Cela correspondait tout à fait à l'arme que j'avais décrite.

Ainsi, bien que les meurtriers s'en fussent débarrassés, le couteau qui avait servi à tuer Sharon Tate, de même qu'un autre identifié par le même procédé, purent être décrits à la convenance du jury.

Mon autopsie me permit également de découvrir que des os avaient été atteints par certains coups de couteau. Au procès, Kasabian affirma dans sa déposition qu'au moment des meurtres Katie Krenwinkle lui avait confié qu'elle s'était fait mal aux mains parce que son couteau avait rencontré des os. Encore une observation de l'autopsie confirmée par les déclarations du témoin.

Mais nous n'en étions pas encore là. Au matin du 11 août, toujours dérouté par ces meurtres, je notai pour la seconde fois l'éraflure sur la joue de Sharon Tate et je m'interrogeai sur l'énigme de la semi-pendaison. À ce moment, un de mes hommes approcha, interrompant mon autopsie.

– Docteur Noguchi, un coup de fil de la Criminelle. Ils disent que c'est urgent.

– Urgent?

Je saisis le combiné, et j'appris que les craintes qui m'avaient effleuré la veille venaient de se justifier. Les tueurs avaient encore frappé et, de nouveau, tout indiquait le meurtre rituel.

Leno LaBianca fut retrouvé étendu sur le dos entre un canapé et une chaise, tué de six coups de couteau. Lui aussi avait subi la pendaison symbolique, une taie d'oreiller ensanglantée enfilée sur la tête. On lui avait lié les mains dans le dos à l'aide d'un fil de cuir et une corde nouée autour de sa gorge avait été attachée à une grosse lampe. Une grande fourchette à viande à manche d'ivoire avait également servi à le frapper et était restée plantée dans son abdomen.

Sa femme, Rosemary LaBianca, gisait sur le sol de la chambre à coucher, vêtue d'une veste d'intérieur rose et d'une robe bleue à rayures blanches. Son dos et ses fesses étaient criblés de coups de couteau. Elle aussi avait la tête enfilée dans une taie d'oreiller et avait été «pendue» à une lampe à l'aide d'un fil électrique.

Sur son ventre, le mot «Guerre» avait été tracé avec la pointe d'un couteau. Sur les murs, en lettres de sang, on pouvait lire: «À BAS LES PORCS» et «VENGEANCE». Et, dans la cuisine, sur la porte du réfrigérateur, était inscrit le mot: «CHAOS».

***

Pour moi, le lien entre le meurtre Tate et le meurtre LaBianca était clair. Dès que les détails furent révélés, il le fut également pour la presse. Les gros titres le clamaient, plongeant la banlieue de Los Angeles dans un état de panique. Les ventes d'armes de défense quadruplèrent, les gens achetèrent des chiens de garde, embauchèrent des gardes du corps. Ces tueurs en liberté ne se contentaient pas de massacrer des personnalités du show business, ils s'attaquaient aux gens ordinaires.

Pourtant, la police de Los Angeles ne croyait pas à une corrélation entre ces deux crimes. Et elle avait trois raisons valables de se montrer sceptique:

1) Aucune similitude entre les deux catégories de victimes, qui étaient même d'origines très différentes. Dans l'affaire Tate, elles venaient du monde doré du cinéma. Dans l'affaire LaBianca, il s'agissait de commerçants.

2) Le second crime avait été accompagné de vol (le portefeuille de Rosemary LaBianca, contenant de l'argent liquide et des cartes de crédit avait disparu) alors que, dans l'affaire Tate, rien ne semblait avoir été dérobé.

3) Dans l'affaire Tate, les inspecteurs de police suivaient la piste de «dealers» de drogue alors que les LaBianca ne se droguaient pas.

À de nombreux égards, les deux tueries étaient effectivement différentes. Mais, pour moi, les pendaisons symboliques et les mots écrits en lettres de sang, quoique déconcertants, constituaient une similitude révélatrice. Le mot «PORC», dans la maison de Sharon Tate pouvait, comme le pensait la police, avoir été écrit par un «dealer» noir. Mais, chez les LaBianca, les assassins avaient également écrit «VENGEANCE» et «CHAOS». Quel rapport pouvait-on trouver entre ces mots et la drogue? Ils semblaient plutôt désigner un groupement terroriste ou révolutionnaire.

Cherchant conseil, je m'adressai au Dr Frederick Hacker, le psychiatre qui avait récemment témoigné en ma faveur devant la Commission d'Inspection des Services. C'était une autorité mondiale sur le terrorisme, ses origines et ses rites. Il avait publié de nombreux articles et ouvrages sur ce sujet et avait travaillé comme conseiller dans le domaine du terrorisme aussi bien pour le gouvernement que pour le secteur privé. Il m'était venu à l'idée qu'un expert de son envergure pourrait trouver un angle d'approche à ces meurtres étranges et violents.

Je lui demandai de me rendre visite à mon bureau et lui exposai le lien apparent entre les deux affaires. Il fut immédiatement passionné. Je lui dis que je lui fournirais des copies de tous les documents et faits matériels en ma possession. À ma demande, il accepta aussitôt de se mettre à titre gracieux au service de la collectivité.

Dans la conversation qui suivit, nous abordâmes plusieurs faits qui paraissaient révélateurs, notamment l'utilisation d'une pince coupante pour sectionner le fil du téléphone de la maison de Sharon Tate. Le crime n'avait pas résulté d'une impulsion brutale. Il avait été calculé. La corde passée au-dessus de la poutre intriguait également Hacker, de même que le mot «PORC» écrit sur la porte.

Dix jours plus tard, il m'apportait son rapport. Ce fut une bombe. À partir de son expérience particulière, Hacker avait établi entre les deux crimes une possibilité de corrélation beaucoup plus sinistre que quiconque eût pu l'imaginer. Voici quelques extraits de son rapport :

> Il faut présumer que les auxiliaires (de l'auteur principal)... se trouvaient dans un état mental qui leur permettait de préméditer et, tout au moins dans une mesure limitée, de prévoir des difficultés et de prendre des dispositions (sectionnement des fils, disposition compliquée des cordes..., contrôle exercé sur les victimes pendant le déroulement du crime, etc.)...
>
> Les caractéristiques bizarres de ce crime multiple permettent de penser à une sérieuse psychopathie chez les tueurs... (l'éventualité qu'un individu intéressé par cette particularité ait pu commanditer des tueurs ayant des tendances sadiques naturelles ne doit pas être exclue).
>
> Il est concevable que la personnalité de l'auteur principal ait été très différente de celle de ses auxiliaires et qu'un individu se soit chargé de prendre les mesures de précaution et les dispositions pratiques nécessaires alors que le ou les autres aurai(en)t commis le crime proprement dit...

Voilà comment, plusieurs semaines avant que Charles Manson n'ait été retrouvé, le Dr Hacker avait prévu l'existence d'un homme qui n'était même pas présent sur les lieux du crime et avait envoyé des tueurs aux «tendances sadiques naturelles» pour le perpétrer. Le rapport de Hacker mentionnait également qu'il était possible de rechercher les tueurs dans un groupe marginal pseudo-religieux. Description prophétique du culte dont Manson était le dieu.

Pour finir, Hacker disait que les criminels étaient peut-être d'anciennes relations des victimes qui se sentaient «rejetés ou floués par une ou plusieurs des victimes et avaient pris leur revanche de cette manière». Ce fut, à mon avis, l'un de ses traits de clairvoyance les plus remarquables.

Manson et ses disciples finirent par être traduits en justice pour les crimes sauvages de Bel Air et de Los Feliz. Ce fut Vincent Bugliosi, un District Attorney adjoint particulièrement capable, et son supérieur, Aaron Stovitz, chef de la division judiciaire, qui furent chargés d'assurer le ministère public. Bugliosi travailla d'arrache-pied pour obtenir leur condamnation; il avait fait installer un lit pliant dans son bureau et c'était là qu'il dormait. Le motif qu'il définit pour Manson était fondé sur le mot «chaos». Voici sa déclaration sur ce point lors du procès:

> Nous apporterons la preuve que l'un des principaux motifs de Manson dans ces sept meurtres sauvages était de créer le chaos; en d'autres termes, de faire éclater la révolution, Noirs contre Blancs, en faisant croire que les sept victimes blanches avaient été massacrées par des Noirs. Dans son esprit malade, cela devait finalement conduire à une guerre civile entre Noirs et Blancs … Manson prévoyait ensuite qu'une fois la race blanche

> complètement éliminée, les Noirs seraient incapables de prendre les rênes du pouvoir à cause de leur manque d'expérience et qu'ils seraient donc contraints de les remettre aux mains des quelques Blancs qui auraient échappé au massacre ; à savoir, Charles Manson et sa « famille ».

Les théories du Dr Hacker et mon étude personnelle du cas permirent de conclure que Manson avait des motifs différents. Pourquoi avait-il choisi la maison de Sharon Tate pour ce massacre sanglant ? Je pense que le pseudo-dieu l'avait choisie pour des raisons tout à fait terrestres : une revanche symbolique après un échec dans la carrière musicale. Après avoir lâché ses adeptes fanatiques sur Sharon Tate et ses amis, il avait commis les meurtres LaBianca tout à fait au hasard pour détourner les soupçons de la police et l'empêcher de penser que c'était bien une vengeance qui avait entraîné le massacre de Cielo Drive.

Parmi les nombreux rapports qui passèrent sur mon bureau pendant que j'enquêtais sur l'affaire, j'en trouvai un contenant un fait étrange et susceptible de corroborer l'idée de la vengeance. Le 9 août 1969 était l'anniversaire du jour où Manson, un an auparavant, avait fait son premier – et unique – pas dans une voie qui aurait pu lui permettre de devenir chanteur de rock. Ce jour-là, il se présenta dans un studio de Van Nuys à la demande de Gregg Jakobsen, un chasseur de talents, et enregistra plusieurs chansons.

La vie dut lui paraître merveilleuse ce matin-là. Non seulement Dennis Wilson – l'un des Beach Boys – s'était pris d'amitié pour lui mais il lui avait permis de s'installer avec quelques-uns de ses disciples dans sa résidence de Sunset Boulevard et de frayer avec les célébrités du cinéma à l'occasion des fêtes qu'il organisait. Mieux encore, Terry Melcher, le fils de Doris Day, avait promis de produire un album avec Charles Manson comme vedette.

Terry Melcher habitait au 10050 Cielo Drive.

Mais à l'issue des séances d'enregistrement, Melcher, selon Manson et ses disciples, renia sa promesse. Melcher affirmait qu'il ne s'était jamais engagé formellement, et que cette affaire de promesse était un malentendu. Quoi qu'il en fût, à peine commencée, la carrière musicale de Manson était brisée. Un an plus tard, vivotant misérablement dans un « ranch » délabré où logeait sa communauté, sachant que sa gloire d'un jour était définitivement à l'eau, Manson décida de riposter en frappant ce monde de Hollywood qui l'avait si froidement rejeté. Et je pense que, pour porter son coup, il ne choisit pas simplement un jour anniversaire particulier mais aussi une maison particulière : le 10050 Cielo Drive, où avait vécu Terry Melcher.

Lors de son procès, Watson déclara :

– Manson m'a dit de prendre des armes et d'aller à la maison de Terry Melcher. Il m'a dit de tuer tout le monde de façon aussi effroyable que possible.

Par « effroyable », ajouta Watson, Manson voulait dire que la sorcellerie n'était pas à exclure. D'où l'étrange pendaison et le message sanglant laissé sur la porte.

Ainsi, dans l'esprit de Manson, ni le choix du jour ni celui des lieux n'étaient une coïncidence. La coïncidence, affreuse, était que Sharon Tate enceinte et trois de ses amis se trouvaient dans la maison cette nuit-là. Ils moururent, sauvagement poignardés par des jeunes filles aux pieds nus et aux cheveux plats, des jeunes filles programmées par un «dieu» beaucoup plus terre à terre qu'elles ne le pensaient. Il ne rêvait que de succès ici-bas.

7

Affaire médico-légale n° 70-10463

Janis Joplin

Le restaurant *Barney's Beanery* avait du succès à Hollywood. Le menu était quelconque, les prix très abordables mais l'établissement restait ouvert tard dans la nuit et il y régnait souvent une atmosphère électrique due à la présence de célébrités.

La nuit du 4 octobre 1970, Janis Joplin et Ken Pearson, un musicien de son orchestre, se trouvaient au bar. Janis Joplin buvait une vodka-orange. Les deux jeunes gens rentraient d'un studio de Hollywood où ils étaient allés écouter des bandes destinées à leur prochain album, *Pearl*.

Peu après minuit, ils regagnèrent en voiture l'hôtel *Landmark*, où séjournait l'orchestre. Janis Joplin dit à son compagnon qu'elle était emballée par le nouvel album. En fait, elle avait été de bonne humeur toute la soirée. Pearson ignorait que l'une des raisons de cette bonne humeur était une visite reçue par la chanteuse vers 4 heures de l'après-midi ; celle de ses pourvoyeurs de drogue.

Ils se séparèrent et rejoignirent leur chambre respective. Celle de Janis Joplin se trouvait au premier étage. Un peu moins d'une demi-heure plus tard, elle redescendit dans le hall et se fit faire la monnaie d'un billet de cinq dollars pour acheter des cigarettes. L'employé raconta plus tard à la police qu'elle lui avait parlé de façon très naturelle et détendue.

En fait, on ignore l'heure exacte à laquelle Janis Joplin se planta une aiguille dans le bras et s'injecta une dose mortelle d'héroïne. La réaction n'est pas toujours immédiate. Médicalement, il est donc possible – bien que peu probable – qu'elle se soit injecté la drogue avant de descendre dans le hall et de parler à l'employé. Quoi qu'il en soit, lorsque l'effet se produisit, la jeune chanteuse, vêtue d'une chemise de nuit, se recroquevilla sur elle-même et s'écroula au pied de son lit.

Trois semaines plus tôt, une autre star du rock, Jimi Hendrix, mourait d'une overdose dans un appartement londonien. La foule des fans fut anéantie par la disparition de ces deux vedettes, si proches l'une de l'autre. Un journaliste du *New York Times* commençait ainsi son article sur Janis Joplin :

> Dieu que cette année semble prendre une mauvaise tournure ! Le roi et la reine de cette musique colorée et vivante née dans les années soixante sont morts victimes des excès du monde dans lequel ils évoluaient.

Cette reine du rock tuée par la drogue était née à Port Arthur, au Texas. Elle raconta par la suite qu'elle s'y sentait comme déplacée.

– Je lisais. Je peignais. Je ne haïssais pas les nègres. Les gens de là-bas me faisaient mal.

Amoureuse de musique, elle collectionnait les disques de Bessie Smith et chantait pour les œuvres de bienfaisance de Port Arthur. Mais elle ne l'avait jamais fait professionnellement jusqu'au jour où son ami Travis Rivers l'appela de San Francisco. Rivers avait formé un orchestre baptisé « Big Brother and the Holding Company ». Janis Joplin partit pour Haight-Ashbury et fut intégrée au groupe. Un mythe venait de voir le jour.

Les spectateurs furent immédiatement subjugués par la vitalité animale de la jeune chanteuse. Frappant du pied, agitant les bras, ondulant des hanches, elle stimulait l'assistance jusqu'au délire. « Ce rythme, cette puissance... je n'y croyais pas, confia-t-elle un jour à un journaliste de Reuter. Je planais complètement. C'est sûrement la meilleure came au monde. C'était sensuel, accrochant, irrésistible. Avant, je ne dansais jamais en chantant mais là, je ne pouvais pas rester immobile. Tout d'un coup, je me suis retrouvée en train de bouger et de sauter. Et puis je me suis mise à chanter de plus en plus fort. Je ne pouvais pas m'en empêcher. À la fin, j'étais complètement déchaînée. C'était dément ! »

Un beau jour, Janis Joplin fit connaissance avec les drogues dures et se mit à en prendre régulièrement. Aux dires de ses amis, elle essayait de se désaccoutumer au moment de sa mort. Elle avait cessé de se « piquer » pendant plusieurs semaines puis avait recommencé.

Ce qui engendra le débat ultérieur fut le fait que Janis Joplin ne s'était pas injecté une grande quantité d'héroïne dans les veines la nuit de sa mort. En 1974, au cours d'un jugement d'assurances lié à cette affaire, il fut déclaré que la dose d'héroïne était loin d'être catastrophique. Dans ce cas, pourquoi Janis Joplin y avait-elle succombé ?

***

Je supervisai l'autopsie, qui révéla de nombreuses traces de perforations anciennes dans les veines des bras. Lorsqu'une aiguille est plantée dans une veine, elle provoque une blessure infime. Lorsque cette blessure a cicatrisé, on ne peut plus observer dans la veine qu'un point minuscule, presque microscopique. Il y avait de nombreux points de ce type et une piqûre récente qui ne s'était pas encore refermée.

Nous envoyâmes du sang au laboratoire pour une recherche de drogue. Nous étions presque sûrs que l'explication de sa mort se trouverait là. Comme, en outre, rien ne permettait de penser que quelqu'un était avec elle ni pendant ni peu de temps avant sa mort, nous pensions également qu'elle s'était injecté elle-même la drogue fatale. C'est alors que nous reçûmes une information surprenante : aucune drogue n'avait été découverte dans sa chambre. Cela soulevait une question : quelqu'un s'était-il trouvé avec elle au moment de sa mort? Et cette mort était-elle le résultat d'une overdose accidentelle ou d'un meurtre?

Je décidai d'approfondir l'enquête et de visiter la chambre d'hôtel de Janis Joplin. En arrivant sur place, je trouvai un policier qui montait la garde. Il me dit qu'une aiguille et une seringue avaient été retrouvées, mais pas trace d'héroïne. En faisant mon examen de routine de la pièce, je regardai dans la corbeille à papiers. Elle contenait un sachet rouge plein d'héroïne.

– Et ceci? dis-je en me tournant vers le policier.

Il vint me rejoindre et regarda.

– Mais d'où est-ce que ça sort? fit-il, interloqué. On a fait au moins cent fois le tour de cette chambre et la corbeille était vide!

Son expression ahurie me fit presque rire.

– Y a-t-il eu des visites? demandai-je.

L'homme me répondit que oui, un musicien de l'orchestre était passé récupérer les effets personnels de Janis Joplin.

Je souris.

– Il a dû rafler la drogue après sa mort puis, comprenant que c'était une pièce à conviction, il est revenu et l'a jetée dans la corbeille.

Ce type de comportement n'était pas rare dans les affaires de drogue. Les amis de la victime avaient souvent comme première réaction de faire disparaître les traces de drogue. Mais ils revenaient souvent après avoir réfléchi.

Je pris le sachet et l'emmenai à notre laboratoire pour vérifier que le produit contenu était bien de l'héroïne. Entre-temps, l'analyse de sang avait fait apparaître des traces de morphine. (L'héroïne se transforme en morphine dans le système circulatoire.) Mais, à en juger à la quantité d'héroïne retrouvée dans le sachet, il était évident que la chanteuse en avait pris une très faible dose. Les piqûres de ses veines indiquaient qu'elle s'était injecté des doses semblables au moins une centaine de fois par le passé. Et voilà que, brusquement, elle était morte d'une dose ordinaire. Pourquoi?

La réponse à cette question met en évidence le caractère dangereux des drogues distribuées par les «fourgueurs». Le client ne sait jamais ce qu'il achète. Et il existe de nombreuses façons de couper l'héroïne. Sur la côte Est, l'opération se fait souvent par adjonction de lactose ou de quinine. Sur la côte Ouest, les fourgueurs la coupent le plus souvent avec de la procaïne, une drogue anesthésique, ou du PCP, une drogue provoquant des réactions de violence, de la vitamine C, ou du lactose. Mais le produit de coupage le plus dangereux est sans aucun doute la poudre de talc – chimiquement très proche de l'amiante – qui finit dans les poumons.

La raison de la mort de Janis Joplin était exactement l'inverse de ce qui cause généralement les accidents dus à l'utilisation d'héroïne coupée. Je fis analyser le contenu du sachet par le laboratoire. Le résultat m'apprit que le pourvoyeur de Janis Joplin lui avait vendu de l'héroïne presque pure. Les drogues coupées contiennent généralement entre un et trois pour cent d'héroïne. Celle que la chanteuse avait achetée en contenait entre trente et quarante pour cent, une proportion plus de dix fois supérieure au maximum courant. Son organisme n'était pas prêt à recevoir une « secousse » pareille et elle n'y avait pas résisté.

La mort de Janis Joplin n'était qu'une illustration de plus des dangers de la drogue. En tant que médecin légiste, je n'ai été que trop souvent amené à les constater. C'est ainsi que mes collègues et moi-même, soucieux de posséder un instrument statistique nous permettant de mieux traiter les problèmes de drogue, fîmes des démarches insistantes auprès du parlement de Californie pour faire voter une loi exigeant que les prises de sang effectuées sur les conducteurs tués au volant ne se limitent pas à la recherche d'alcool mais visent à faire apparaître d'éventuelles prises de drogues.

Depuis des années, nos services, ainsi que d'autres dans tout le pays, essayons de définir les tendances en matière d'utilisation des drogues. Phénomène étrange, l'année de la mort de Janis Joplin, l'utilisation de l'héroïne connut un déclin important. Je crois que l'émotion causée par sa disparition ne fut pas étrangère à ce recul. Mais aujourd'hui, un nouveau danger est apparu. La drogue de prédilection est la cocaïne, moins dévastatrice que l'héroïne et qui, contrairement à elle, n'a pas cet effet écrasant qui empêche pratiquement l'utilisateur de «fonctionner». La cocaïne n'en présente pas moins des risques. À Los Angeles, une quinzaine de décès par an sont directement imputables à la prise nasale ou à l'injection de cocaïne, mais d'innombrables autres morts sont dues à des conséquences indirectes de l'utilisation de cette drogue. Le tribut payé ne peut pas être mesuré : détérioration du cerveau provoquée par les prises régulières, dégâts causés au système nerveux, accoutumance entraînant les utilisateurs à voler, voire à tuer, pour se procurer l'argent nécessaire à l'assouvissement de leur coûteux besoin.

Mais il existe une autre drogue beaucoup moins connue et qui est sans doute la plus dangereuse de toutes. Le PCP, parfois utilisé pour couper l'héroïne, est une drogue très courante dans les couches les plus défavorisées de la société. Et c'est un produit très inquiétant car il provoque des réactions de violence. Depuis quelque temps, j'observe un accroissement notable d'utilisateurs de PCP parmi les victimes de mort prématurée à Los Angeles. La tendance ascendante à l'utilisation de cette drogue n'est pas encore bien reconnue dans le pays mais je suis convaincu qu'elle nous réserve des problèmes et sans doute des tragédies pour l'avenir.

Janis Joplin, jeune femme talentueuse, aura marqué l'histoire du rock et laissé un message derrière elle, tant par sa musique que par les tragiques circonstances de sa mort.

8
Les grandes catastrophes

Parmi les États de l'Union, la Californie détient un triste privilège : celui de faire partie du peloton de tête en matière de grandes catastrophes. Il est vrai que non seulement les prophètes de l'Apocalypse mais également un certain nombre de scientifiques distingués prédisent qu'un jour la Californie disparaîtra à jamais sous la mer. La célèbre faille de San Andreas sera le point de rupture à partir duquel l'État se séparera du continent.

Effectivement, la faille de San Andreas est une réalité et les tremblements de terre existent en Californie. En outre, l'État est chaque année frappé par des tempêtes qui dévastent ses plages, des incendies de forêt incontrôlables, des avalanches qui traversent des villages, et des glissements de terrain qui emportent des routes et des maisons. Toutes ces catastrophes entraînent des pertes en vies humaines. Aussi affligeantes soient-elles, le médecin légiste californien doit compter avec ces morts et être prêt à intervenir lorsqu'elles surviennent.

Très tôt dans ma carrière de médecin légiste-chef, j'ai mis en place un plan d'intervention d'urgence pour les grandes catastrophes. Dès qu'une telle catastrophe était annoncée, différentes équipes entraient en action :

1) les enquêteurs, dépêchés le plus rapidement possible sur les lieux de la catastrophe ;

2) les médecins légistes, dont la tâche consistait à diriger les recherches médico-légales ;

3) les toxicologues et criminalistes, chargés de rechercher des indices matériels ;

4) les dentistes et anthropologues légistes, ayant pour tâche de participer à l'identification des victimes ;

5) le personnel chargé de l'identification et de l'information, dont la tâche consistait à contacter les autorités des villes où résidaient les victimes ainsi que les membres de leur famille et à collecter les renseignements permettant d'identifier les corps ;

6) l'équipe de liaison, chargée de coordonner nos efforts, ceux du FBI, des services de police de Los Angeles, du bureau du shérif, des services de lutte contre l'incendie et de diverses agences gouvernementales.

J'avais baptisé les enquêteurs affectés aux catastrophes collectives mon « équipe-action ». Ces jeunes hommes et femmes, outre leur formation médico-légale, suivaient un entraînement physique spécial auprès des services du shérif car leur travail impliquait souvent des risques considérables. Ils étaient préparés pour faire face non seulement aux calamités naturelles mais aux désastres créés par l'homme tels les incendies de grande envergure, les crimes collectifs, les accidents d'avion.

Le 6 juin 1971, le téléphone sonna. L'une des plus grandes catastrophes aériennes de l'histoire des États-Unis venait de se produire.

Le vol 706 de la Hughes Air West avait décollé de l'aéroport international de Los Angeles avec quarante-trois personnes à son bord. Un Phantom F-4 de la Navy, avec un équipage de deux hommes et un radar défectueux, filait à toute allure à sa rencontre. Au-dessous de l'appareil, à trente-cinq kilomètres à l'est de Los Angeles, s'étendaient les montagnes de San Gabriel, une chaîne de pics déchiquetés et de vallées boisées, considérée comme l'un des reliefs les plus tourmentés des États-Unis.

À une altitude de douze mille pieds, l'appareil militaire percuta de plein fouet l'avion de ligne. Une explosion titanesque embrasa le ciel. Nombre de passagers furent instantanément carbonisés sur leurs sièges. Puis le gros appareil se volatilisa et les corps tombèrent dans le vide. La désintégration de l'avion de ligne fut si totale qu'on n'en retrouva que de minuscules fragments. Les corps et membres disloqués des victimes furent dispersés sur des kilomètres dans la montagne.

Quelques minutes plus tard, l'équipe-action était convoquée dans mon bureau. Les corps devaient être identifiés tant pour des questions juridiques – problèmes d'assurance, par exemple – que pour l'information des familles.

– Comment atteint-on les lieux de l'accident? demandai-je.

– Il n'y a pas de route, me répondit-on. Le village le plus proche est à plusieurs kilomètres. Il faudra se faire poser par des hélicoptères.

Vêtu de l'uniforme de l'équipe-action – casque rouge, bottes et combinaison kaki portant l'inscription «coroner» en lettres d'or sur le dos –, je m'envolai avec l'avant-garde de l'équipe vers le site de la catastrophe. Avant même d'y être parvenu, je compris que nous allions avoir des problèmes. Non seulement le terrain était dangereusement accidenté mais un brouillard à couper au couteau nous masquait les montagnes.

Notre avant-garde allait avoir à travailler avec des équipes du même type déléguées par les services du shérif et les sapeurs-pompiers de Los Angeles pour défricher un coin de forêt destiné à servir de piste d'atterrissage aux hélicoptères, mettre en place un centre de transmission et commencer la recherche des corps. Elle disposait d'outils et de matériel appropriés, ainsi que d'une grande tente et de rations alimentaires pour une semaine. Car je pensais qu'il faudrait bien une semaine. J'avais déjà reçu des informations sur l'ampleur de notre tâche. Les corps, vraisemblablement brûlés au point d'être méconnaissables, étaient éparpillés à des kilomètres d'intervalle sur un terrain extrêmement accidenté.

En approchant, nous vîmes, à travers le brouillard, les hélicoptères des pompiers qui se maintenaient en vol stationnaire au-dessus d'une vallée. Mais, lorsque notre propre appareil descendit, le brouillard était tellement opaque que les pompiers et les sauveteurs semblaient des ombres fantomatiques dans les taillis. Notre équipe d'avant-garde rassembla rapidement son équipement et gagna le sol par des échelles de corde. Nous leur fîmes suivre le reste du matériel mais, déjà, nous ne les distinguions plus.

Je savais que la recherche des corps serait impossible cette nuit-là. En revanche, les équipes pourraient commencer le travail de défrichage et installer la station radio. Je ne les enviais pas mais je savais qu'ils étaient bien entraînés et qu'ils ne manqueraient de rien. À une exception près. Au moment où nous nous apprêtions à repartir, j'entendis un cri dans le brouillard: «Hé, docteur Noguchi! Faites-nous au moins descendre un pack de bière!»

Lorsque je revins, le lendemain matin, mon équipe et celle du shérif, baptisée «Les Mouflons», avaient œuvré toute la nuit. La piste pour hélicoptères et la station radio étaient prêtes. Une autre équipe-action fut déposée au sol tandis que je survolais les lieux dans un autre hélicoptère, gardant le contact radio avec les appareils des sauveteurs et des pompiers afin de coordonner nos recherches avec les leurs. Une reconnaissance au sol, en effet, nous était immédiatement apparue inutile. La broussaille qui s'élevait à plus d'un mètre cinquante dissimulait tout.

Il fut donc décidé que les recherches se feraient par voie aérienne. Les hélicoptères sillonnaient la zone en rase-mottes. Lorsqu'un homme repérait quelque chose, les appareils s'immobilisaient au-dessus de l'endroit. Le vent des pales écartait les herbes et les broussailles, de sorte que le corps ou le morceau de corps pouvait être repéré. Nous signalions alors son emplacement à nos équipes-action qui se frayaient un chemin jusqu'à lui.

S'approcher si près du sol sur ce terrain montagneux était un travail dangereux pour les hélicoptères. Les pales de l'un d'eux percutèrent un gros rocher saillant d'un pan de montagne. L'appareil s'écrasa mais n'explosa pas. Le pilote, commotionné mais très légèrement blessé, fut immédiatement secouru et chargé dans un autre hélicoptère qui le transporta au centre de soins.

Les délicates recherches se poursuivirent plusieurs jours durant. Les membres de l'équipe-action étiquetaient chaque cadavre retrouvé «Doe Un», «Doe Deux»,

« Doe Trois », etc. Impossible de préciser John ou Jane Doe[1]. Les dépouilles étaient trop calcinées pour qu'il fût possible de déterminer immédiatement leur sexe. Les équipes recherchèrent également dans les alentours des objets susceptibles d'aider à l'identification. Ces articles étaient placés dans des sacs portant le même numéro que le « Doe » auquel ils semblaient appartenir. Elles recherchaient également tout objet susceptible de concerner la sécurité nationale ou de représenter une quelconque importance à un autre titre. Quelques années auparavant, un représentant d'une firme automobile s'était écrasé dans un accident d'hélicoptère avec les plans ultra-secrets d'une série de modèles à venir. Nous avions retrouvé ces plans au sol et les avions retournés au constructeur sans que le secret en soit violé.

Au bout du compte, le corps de chaque passager de la Hughes Airlines fut retrouvé et transporté en hélicoptère vers une chapelle ardente improvisée dans une cour d'école de la ville de Duarte, où des tentes avaient été dressées.

Ensuite, toutes les victimes furent acheminées vers l'Institut médico-légal de Los Angeles et le processus d'indentification put commencer. Tous les non-professionnels ayant vu les corps dans la chapelle ardente étaient persuadés qu'une telle identification serait impossible. Nous nous y attelâmes cependant, en réalisant ce qu'on pourrait appeler un travail de déduction ou, pour employer un terme plus technique, en utilisant ce que les informaticiens appellent le procédé du branchement.

1. Équivalent de M. ou Mme X (*N.d.T.*).

Pour commencer, toutes les parties d'un même corps furent mises ensemble. C'est-à-dire que tronc, bras, jambes furent regroupés. Lorsqu'un os est brisé, les deux bords de la fracture ont une forme très particulière qui permet de les assembler comme les pièces d'un puzzle. À quelques détails près, il en va de même pour les muscles et autres tissus déchirés. Quarante corps complets purent ainsi être reconstitués. Mais, en raison des brûlures, aucun ne pouvait être reconnu visuellement, même par des proches. Seuls deux d'entre eux possédaient encore des empreintes digitales identifiables.

Nous dressâmes donc un vaste inventaire de nos informations, destiné à opérer des recoupements. La liste des passagers nous permit de connaître le nom et l'adresse des victimes. Nous déterminâmes ensuite le sexe et l'âge approximatif de chacune d'elles. La présence d'arthrite ou une hypertrophie de la prostate, par exemple, nous permettaient de déceler les personnes plus âgées. Puis, sous la direction du Dr Dean V. Wiseley, chef de la division médicale, des médecins légistes adjoints pratiquèrent les autopsies. Une consigne bien particulière leur avait été donnée : essayer de retrouver sur les corps tout signe particulier. Y avait-il des fractures anciennes ? Des traces d'appendicectomie ou d'hystérectomie ? Une cicatrice encore visible ? Si oui, l'information devait être consignée sur la fiche « Doe » correspondante.

Pendant ce temps, l'équipe identification et information contactait les familles et leur demandait des renseignements sur les victimes. Entre autres choses, on les interrogeait sur la couleur des cheveux (les racines résistent parfois au feu), les antécédents chirurgicaux, la présence de cicatrices caractéristiques ou de tout autre signe particulier.

Tandis que ce travail se poursuivait, le service d'odontologie médico-légale recevait des dossiers dentaires en provenance de toutes les régions des États-Unis. De leur côté, les anthropologues du service séparaient les corps en fonction des critères raciaux.

Une fois toutes ces informations rassemblées, il nous fut possible de les confronter à celles que nous avaient apportées l'autopsie et la radiographie de chaque corps. Les antécédents chirurgicaux nous furent particulièrement précieux pour l'identification de certaines victimes. Nous retrouvâmes des broches sur lesquelles nous relevâmes des numéros de brevet, ce qui nous permit de retrouver le fabricant et, parfois même, l'endroit où l'opération avait été pratiquée.

Les racines de cheveux ou de poils axillaires qui avaient résisté au feu furent examinées au microscope pour déterminer la couleur des cheveux et des yeux des victimes. La couleur des cheveux et des poils est due à un pigment, la mélanine. La présence abondante de ce pigment donne des cheveux foncés et des yeux bruns. Une faible quantité produit des cheveux clairs et des yeux bleus.

Des objets ou documents trouvés sur les corps ou à proximité – alliances, papiers d'identité encore déchiffrables – aidèrent également au travail d'identification, de même que les prothèses dentaires. Les prothésistes indiquent fréquemment leur nom et la date de fabrication sur leurs produits. Cela nous permit de découvrir le nom de certains porteurs de prothèses. L'opération aurait été facilitée si, comme je l'avais maintes fois suggéré, le numéro de sécurité sociale de l'intéressé avait été inscrit sur la prothèse. (En 1983, une loi dans ce sens fut votée en Californie.)

Finalement, chaque victime de la tragédie de San Gabriel fut identifiée. Le remarquable travail réalisé par nos équipes valut au service une réputation qui s'étendit dans le monde entier, si bien qu'un an plus tard, lorsqu'un avion de la Pan-American s'écrasa dans le Pacifique sur l'île de Pago Pago, les cent deux victimes, brûlées, mutilées et méconnaissables furent, à la demande de l'Aéronavale, dirigées sur le service médico-légal de Los Angeles.

Le travail fut beaucoup plus difficile que lors de la catastrophe de San Gabriel. Le tiers des passagers était originaire des îles Samoa. Il y avait quelques Asiatiques, notamment des Chinois de Formose, et les autres étaient des Blancs. La première tâche incombant à nos anthropologues consista à faire le tri. Ils se fondèrent sur les caractéristiques suivantes :

1) presque tous les Asiatiques ont les pommettes haut placées ;

2) chez les Asiatiques le tour de crâne est généralement plus arrondi que chez les Blancs. Le crâne typique de ces derniers présente des dimensions plus importantes dans sa longueur (du frontal à l'arrière du pariétal), et plus étroites dans sa largeur (d'un pariétal à l'autre). Il est également plus allongé dans le sens de la hauteur que celui des Asiatiques ;

3) la plupart des Asiatiques ont des incisives spatulées ;

4) une grande partie des crânes asiatiques se caractérisent également par un orifice nasal différent. Le nez des

Asiatiques, en effet, est généralement plus large et plus court que celui des Blancs.

Pour différencier les victimes samoanes, nous possédions une caractéristique anthropologique. Les Polynésiens comme les Samoans présentent des caractéristiques semblables aux personnes orientales, mais ils sont généralement plus musclés. Pour supporter une importante masse musculaire, il faut une charpente appropriée. Aussi les Polynésiens ont-ils fréquemment un squelette plus lourd que celui des Orientaux.

Une fois le classement établi, nous utilisâmes les techniques qui avaient démontré leur efficacité après l'accident de San Gabriel. Mais les victimes samoanes nous posèrent des problèmes. Les dossiers dentaires les concernant étaient pratiquement inexistants. Il en allait de même pour leurs empreintes digitales, qui ne figuraient sur aucun fichier. En outre, lorsque nos enquêteurs contactèrent les familles, les informations fournies étaient bien souvent trop vagues pour nous éclairer d'une quelconque manière. À la question «Quelle était la taille de votre frère?», par exemple, on leur répondit plusieurs fois au téléphone: «Oh, il était bien grand comme ça...»

Mais, au bout du compte, malgré ces nombreux handicaps, nous parvînmes néanmoins à identifier chaque victime de la catastrophe. La réputation de compétence de nos services en matière de grandes catastrophes en fut encore rehaussée. Et ce fut pour moi une cruelle cocasserie de me voir, en 1969, accusé d'avoir prié le ciel pour que de pareilles catastrophes se produisent. Il ne sert à rien de faire appel à l'intervention divine, ces catastrophes arrivent, qu'on le souhaite ou non. Le seul objet de mes prières était que le service médico-légal soit en permanence prêt à y faire face.

9
Une passion pour la science

– Mesdames et messieurs, bonjour. C'est un immense plaisir pour moi de recevoir dans nos murs à l'occasion de notre premier séminaire sur l'étude scientifique de la mort mes collègues médecins légistes, les spécialistes des forces de l'ordre ainsi que les scientifiques qui ont conçu et réalisé les appareils que nous utilisons.

Il faisait beau ce 22 mai 1972 tandis que je prononçais mon petit discours devant un bâtiment flambant neuf de quatre niveaux : le nouvel Institut médico-légal du comté de Los Angeles, situé dans Mission Street. Pour célébrer sa mise en service, des centaines de spécialistes de tout le pays étaient venus participer à ce premier séminaire qui allait durer trois jours et se clôturer par les cérémonies d'inauguration.

J'avais mené une rude bataille pour obtenir ce nouvel Institut mais je ne me considérais en aucune manière unique responsable de sa création. Mon prédécesseur, le Dr Curphey, avait été le premier à envisager la mise en place d'un tel bâtiment et il s'était donné sans compter pour que ce projet devienne un jour une réalité. Des efforts considérables avaient également été déployés par tous les membres du service, contraints de travailler pendant des années dans les locaux étroits et mal équipés du Palais de Justice. En 1969, mes demandes trop carillonnantes en faveur d'un nouvel Institut avaient fait partie des motifs de ma révocation. Lorsque je fus réinstallé dans mes fonctions, je les poursuivis avec autant d'insistance mais plus de diplomatie. Pourtant, au bout du compte, ce ne fut pas la voix d'un individu qui entraîna la construction de l'Institut, ce furent le volume de travail que devaient prendre en charge les services de médecine légale dans une ville au développement tentaculaire, ainsi que les progrès mêmes réalisés par la médecine légale. Ces deux nécessités créaient un besoin de locaux plus vastes et d'équipements plus modernes. Les complexes hospitaliers n'avaient plus aucune commune mesure avec les hôpitaux auxquels nous étions habitués seulement quelques années plus tôt. Il importait que les Instituts médico-légaux – qui jadis n'étaient guère plus que des morgues – évoluent, eux aussi, avec leur temps.

Ce bâtiment nouveau représentait également la mise en œuvre d'une nouvelle méthode dans le travail médico-légal : la méthode dite de l'investigation totale. Lorsque j'étais entré dans le service médico-légal de Los Angeles, nous ne possédions même pas d'enquêteurs. Les assistants du coroner se contentaient d'aller quérir les corps puis de procéder aux autopsies et aux examens de laboratoire appropriés. En ce qui concernait tous les faits matériels, indices, pièces à conviction entourant le décès, ils devaient se reposer sur les enquêtes effectuées par les services de police, ceux du shérif ou autres organes des forces de l'ordre.

En 1972, les choses avaient changé, grâce à mes efforts personnels mais aussi à ceux des autres spécialistes qui partageaient mon point de vue sur le bien-fondé de la méthode de l'investigation totale. Bien avant la construction des nouveaux locaux, notre service s'était mis à employer des enquêteurs chargés de se rendre sur les lieux d'un décès pour y relever les faits et indices, ainsi que pour interroger les témoins. Le travail du médecin légiste ne se limitait plus à l'autopsie, mais débouchait sur une enquête comprenant, si nécessaire, la reconstitution des circonstances de la mort et une étude approfondie des résultats d'analyses fournis par les laboratoires. Nous nous préparions également pour participer à des procès ou témoigner devant les tribunaux lorsque cela se révélait nécessaire. Enfin, dernier point très important, nous travaillions aussi à la prévention des accidents mortels.

Peu à peu, les techniques modernes s'étaient trouvées jouer un rôle capital dans toutes nos activités. Nous utilisions quotidiennement des techniques et des appareillages qui, dix ans plus tôt, étaient tout simplement inconnus des spécialistes de la médecine légale. Dans le nouveau centre, le travail de nos scientifiques allait pouvoir s'appuyer sur un équipement informatique tout à fait novateur. Et, dans l'esprit de l'investigation totale, nous avions pris l'habitude de consulter des experts-conseil dans les disciplines qui n'étaient pas de la compétence de notre équipe.

En 1972, nous avions déjà fait appel à plus de cent cinquante experts dans pratiquement tous les domaines imaginables. Et j'étais l'un des avocats de la mise à contribution d'une catégorie de spécialistes en particulier : les spécialistes du comportement, qualifiés pour pratiquer ce que j'appelais les « autopsies psychologiques ». Pour expliquer la chose plus simplement, si nous soupçonnions que la cause de la mort était le suicide, l'« autopsie psychologique » avait pour fonction de déterminer l'état d'esprit du sujet au moment de son décès en vue d'appuyer ou d'infirmer nos soupçons. S'il s'agissait d'un homicide, l'« autopsie psychologique » s'intéressait au meurtrier et à la victime afin de tenter d'analyser la personnalité et les motifs de l'auteur d'une forme de crime particulier. Cette pratique de l'« autopsie psychologique » résultait de l'idée du Dr Curphey face au tumulte provoqué par la mort de Marilyn Monroe. Dans l'affaire Manson, le rapport du Dr Hacker s'était révélé véritablement prophétique ; j'avais donc résolu de faire appel à cette démarche lorsque la nécessité semblait s'en faire sentir.

Après avoir conclu mon discours d'introduction, j'invitai mes hôtes à me suivre pour une visite du nouvel Institut où allait se pratiquer la méthode de l'investigation totale. Je commençai par le deuxième sous-sol du bâtiment de 1 600 mètres carrés. C'était là que nous conservions les pièces à conviction et les objets personnels. Cet étage abritait également une réserve de matériel et l'énorme installation électrique destinée à assurer la réfrigération.

Presque tout le matériel de laboratoire se trouvait dans les étages supérieurs mais c'était au deuxième sous-sol que nous avions installé notre instrument le plus moderne et le plus sophistiqué : le microscope électronique à balayage. En raison de son extrême sensibilité, nous l'avions placé dans la partie du bâtiment la moins exposée aux vibrations, en compagnie d'un autre appareil, lui aussi très sensible, le microscope électronique simple.

Comme son nom l'indique, le microscope électronique est une version électronique du microscope. Dans le microscope optique, les rayons lumineux traversent une préparation puis une série de lentilles pour former une image agrandie. Avec ce type d'appareil, on peut obtenir un agrandissement de l'ordre de 2 500 fois la taille de la préparation observée. Dans le microscope électronique, les rayons lumineux sont remplacés par des faisceaux d'électrons, et les systèmes optiques par des champs magnétiques. Il offre un grossissement très supérieur à celui du microscope traditionnel et permet d'observer, par exemple, un virus dans une cellule cancéreuse isolée ou les structures internes des globules du sang. C'est donc un outil très utile pour déterminer les causes d'une mort naturelle ou pour détecter les modifications apportées dans les cellules par la présence d'une drogue ou d'un poison.

Mais les spécialistes de la médecine légale sont souvent plus intéressés par des modifications situées à la surface des tissus : traces minuscules mais révélatrices laissées par le passage d'une balle, d'un couteau, ou l'impact d'un instrument contondant. En mettant en œuvre un procédé différent, le microscope électronique à balayage rend possible l'observation de telles modifications. Le faisceau d'électrons parcourt l'objet examiné selon un mouvement de balayage et l'image, agrandie jusqu'à cinquante mille fois, est projetée sur un écran de télévision permettant à l'observateur d'examiner la surface en trois dimensions. Utilisé en conjonction avec les rayons X et les appareils à fluorescence, le microscope électronique à balayage est, pour la science médico-légale, un instrument d'une valeur incalculable car il permet d'observer les fragments de métal microscopiques laissés dans les blessures par le passage des balles. Il permet également de savoir si une brûlure a été provoquée par une cigarette, une flamme ou un instrument de torture, ou encore si un cancer est imputable à l'amiante. Les fibres d'amiante se présentent sous quatre formes. Le microscope électronique à balayage permet de les différencier.

L'étape suivante dans le tour du propriétaire fut le sous-sol, l'étage de la sécurité et des services. Trois salles d'autopsie se trouvaient à ce niveau. La plus grande était la salle A. Elle comportait six tables d'autopsie, chacune équipée des accessoires nécessaires tels bascule de pesage et bac avec eau courante. Les tables avaient été délibérément placées à proximité les unes des autres, de sorte que les praticiens puissent se consulter si nécessaire. À cause du bruit des scies électriques et autres instruments, un box insonorisé avait été prévu dans un angle de la pièce pour que les médecins puissent enregistrer leurs observations au magnétophone.

La salle B ne possédait qu'une table équipée d'un appareillage de radiologie. Elle était destinée aux cas exigeant une étude particulièrement méticuleuse. L'équipe l'avait surnommée la «salle des notables». En réalité, elle était appelée à servir pour tous les cas présentant des difficultés ou un intérêt médical particulier.

La salle C était plus vaste, et affectée aux cas de maladies infectieuses ou aux corps dans un état de décomposition avancé. Elle était étanche et équipée d'un système de conditionnement d'air qui aspirait les gaz délétères dégagés par les cadavres et les acheminait directement vers le toit, où ils étaient détruits par un incinérateur. Cet étage abritait également un grand dépositoire, les laboratoires photo, les salles de radiologie, les dossiers radiographiques, les bureaux d'odontologie et de neuropathologie. C'était l'étage vers lequel les corps étaient acheminés à leur arrivée à l'Institut. Le circuit d'un corps commençait par le dépositoire où il était pesé. Pendant ce temps, un inventaire des objets personnels était dressé. L'enquêteur dépêché sur les lieux du décès remettait un reçu pour toutes les pièces à conviction et objets personnels du défunt récupérés sur place. L'inventaire était signé par l'enquêteur mais devait obligatoirement être contresigné par un membre d'un autre service du comté, généralement un policier.

Ensuite, sous la direction du médecin légiste chargé du cas, les photographes faisaient leur travail. Ils prenaient le défunt d'abord entièrement vêtu, puis à chaque phase de son déshabillage. Les empreintes digitales étaient systématiquement relevées pour le cas où un homicide viendrait à être suspecté.

Après la photographie, le corps était conservé dans notre grande chambre froide, située au même étage, pour attendre l'autopsie, si elle avait été jugée utile. Les biens du défunt étaient également conservés.

L'identification des corps avait généralement lieu à l'endroit du décès, grâce aux déclarations des témoins. Mais, si une telle identification ne pouvait être effectuée, on demandait à la famille de venir à l'Institut médico-légal.

Si l'autopsie était jugée nécessaire, elle avait généralement lieu le lendemain. Lorsqu'elle était terminée, le corps était recousu et préparé pour l'acheminement vers une entreprise de pompes funèbres. Si la famille le désirait, ou s'il avait été conservé trop longtemps pour des raisons de difficulté d'identification, l'Institut se chargeait de l'embaumer.

Je fis ensuite visiter le rez-de-chaussée à mes invités. C'était là que se trouvait le hall d'entrée et la réception. S'y trouvaient également le bureau de mon adjoint principal, celui du chef de la division médicale et des appartements destinés aux praticiens régulièrement envoyés par différents hôpitaux pour suivre des stages de médecine légale.

Cet étage abritait aussi les services administratifs dont la charge consistait tout aussi bien à préparer des dépositions en justice qu'à mettre des informations en mémoire sur ordinateur. Le public avait droit d'accès à toutes les informations concernant les enquêtes médico-légales.

C'était également là que se trouvait la salle de télévision, une innovation du nouvel Institut. Naguère, les parents devaient regarder le corps de près pour l'identification. Maintenant, grâce à une installation de télévision en circuit fermé, ils pouvaient effectuer cette formalité en observant le visage du défunt sur un écran, ce qui, en principe, était beaucoup moins douloureux pour eux.

Le premier étage était le fief des laboratoires, notamment du laboratoire de toxicologie, équipé du dernier cri en matière de technologie : le chromatographe à gaz. À l'époque de Marilyn Monroe, l'appareil utilisé était le spectromètre à ultra-violets, qui analysait le sang sous sa forme liquide. Un échantillon était soumis aux rayons ultra-violets qui permettaient de déceler le type et la quantité de produits chimiques contenus dans le sang. Ensuite, l'échantillon de sang était absorbé par un papier-filtre disposé verticalement qui permettait de définir quel produit précis était incriminé. C'était la hauteur d'absorption qui permettait d'identifier le produit. Par exemple, parmi les barbituriques, le Seconal arrivait le plus haut, le Nembutal était le second et le Phénobarbital se situait à l'endroit le plus bas.

Le chromatographe à gaz permettait une analyse beaucoup plus précise. Dans cet appareil, le sang était chauffé et émettait des gaz dans lesquels se trouvaient les divers produits chimiques qu'il contenait. Chaque élément du gaz s'élevait dans une colonne en même temps qu'un courant de gaz inerte, tel l'hélium, et l'on mesurait la rapidité du mouvement.

Le chromatographe enregistrait l'information sous forme de pics sur un graphique. La distance entre les pics indiquait la rapidité du mouvement. (Il était possible d'identifier les éléments, car on connaît la vitesse précise à laquelle chacun d'eux se déplace.) Leur hauteur montrait la quantité de drogue ou de produit chimique en présence dans le sang.

Notre laboratoire possédait divers types de chromatographes à gaz destinés à des analyses particulières. Mais l'appareil le plus moderne était de loin le spectrographe de masse relié à une banque de données informatique. La technique du spectrographe de masse était différente de celle mise en œuvre dans le chromatographe à gaz. L'appareil soumettait les éléments contenus dans un gaz à un bombardement d'électrons, qui avait pour effet de les fractionner en molécules. Un ordinateur mesurait alors la masse moléculaire de chaque élément et la confrontait à sa banque de données. Tous les produits chimiques ont une masse moléculaire propre, ce qui permettait de les identifier avec précision. Le chromatographe à gaz n'était pas toujours parfaitement exact. Le spectrographe de masse, lui, offrait une fiabilité de 100 %.

Nos laboratoires étaient dotés de différents types de spectrographes, entre autres des appareils à rayons lumineux, à ultraviolets, à infrarouges et à absorption atomique destinés à des usages spécifiques comme l'analyse de composés organiques non gazeux ou la détection d'éléments métalliques

Outre les laboratoires de toxicologie, le premier étage accueillait d'autres laboratoires spécialisés en histologie, en sérologie, en biologie, et équipés pour analyser la structure des tissus, les sécrétions, tels le sperme en cas de viol, les traces de verre, de peinture, de terre, de plancton – dans les cas de noyade –, les fragments d'origine végétale et la nourriture digérée. L'odontologie était chargée de relever les empreintes des dents et de les identifier et l'anthropologie d'étudier les squelettes pour déterminer l'âge, le sexe et l'origine des défunts. C'était aussi à cet étage que se trouvaient les bureaux des principaux responsables du service, y compris le mien. Arrivé à ce stade de la visite, je montrai le système de télévision couleur en circuit fermé grâce auquel je pouvais contrôler différentes activités à l'intérieur du bâtiment. J'étais particulièrement fier de cette installation qui utilisait des caméras fixées au-dessus des tables d'autopsie. Par leur intermédiaire, un médecin pratiquant une autopsie pouvait me communiquer directement toute question (ou surprise) concernant ses observations et je pouvais *voir* de quoi il parlait. En fait, ce système était une erreur. Il fut supprimé ultérieurement pour une raison pratique. Les médecins ne cessaient de se cogner la tête dans les caméras.

Le temps passant, je découvris d'autres anicroches dans la conception de l'Institut. Mais une chose était certaine : avec les installations et les appareils ultra-modernes qu'il nous proposait, nous pouvions, mes collaborateurs et moi-même, non seulement mieux accomplir nos fonctions légales mais aussi poursuivre nos expériences à l'aide de techniques nouvelles et développer nos connaissances sur les causes de la mort.

Les médias, cependant, paraissaient franchement sceptiques. Le jour de l'inauguration, le 25 mai 1972, étaient présents Joseph Busch, District Attorney de Los Angeles, Liston Witherill, directeur des services hospitaliers, le Dr Theodore J. Curphey, mon ancien patron, différents membres du conseil d'administration du comté et, naturellement, les représentants de la presse écrite et de la télévision dépêchés pour couvrir l'événement. Certains journalistes paraissaient quelque peu choqués par ce « monument à la mort », dressé comme un sphinx au cœur de leur cité. Durant les semaines précédant l'inauguration, ils m'avaient bombardé de questions révélatrices de l'ignorance du public quant à la véritable fonction de la médecine légale. Un building aussi coûteux était-il nécessaire ? demandaient-ils. Comment comptais-je l'utiliser ? Pourquoi un appareillage aussi moderne et sophistiqué ?

Je leur répondis que, si l'accroissement des homicides et des morts inexpliquées continuait à Los Angeles, des installations encore plus importantes, équipées d'un appareillage encore plus sophistiqué, seraient un jour nécessaires. Cette déclaration allait se révéler plus prophétique que je ne l'aurais cru en la prononçant. Je poursuivis en leur expliquant certains projets que j'avais en tête pour développer le champ des services médico-légaux et leurs fonctions à l'égard de la collectivité.

Les transplantations d'organes peuvent sauver des vies, dis-je aux reporters, et je voulais faire en sorte que nos services travaillent en corrélation avec les médecins et les administrateurs d'hôpitaux pour les aider à localiser les donneurs d'organes. (Onze ans plus tard, en 1983, j'allais être invité au mariage de Cynthia Jelkman, une jeune fille de vingt-deux ans qui avait pu bénéficier d'une greffe du cœur grâce à un organe fourni par l'Institut médico-légal. Nous avions lié connaissance et je l'avais moi-même présentée à l'un de mes amis, Wesley Parker, chef cuisinier dans un restaurant. Elle l'avait épousé.)

Je dis également que les services de médecine légale devaient exercer un contrôle sur la qualité de la vie dans le comté en aidant, par exemple, ceux qui cherchaient à lutter contre la pollution de notre environnement. La drogue et l'alcool étaient aussi responsables de nombreux décès. La médecine légale devait s'attacher à appuyer énergiquement les actions publiques visant à réduire les abus. Notre service, expliquai-je, devait travailler à la *prévention* de tous ces décès prématurés causés par la drogue et l'alcoolisme.

Maints programmes étaient déjà lancés; d'autres étaient réservés pour l'avenir. Je voulais par exemple que notre service, en collaboration avec les médecins et les services hospitaliers, établisse des directives pour mettre un frein à l'utilisation d'appareillages destinés à maintenir la vie de patients ayant subi des dégâts irréparables au cerveau. Ce n'est qu'en 1982, par le truchement d'une commission paritaire de l'Ordre des Médecins et de l'Ordre des Avocats de Los Angeles, que de telles directives purent être établies. Et, en 1983, la commission paritaire commença à se pencher sur des directives du même ordre concernant les patients maintenus dans un état de vie végétative.

Los Angeles étant en bordure de l'océan et constituant un lieu privilégié pour la pratique de la plongée sous-marine, je travaillais activement avec les organes chargés de la sécurité en mer. Dans les années à venir, notre institut allait faire figure de pionnier dans la recherche concernant la mort par noyade. Je m'intéressais aussi aux personnes âgées et aux très jeunes. Je voulais que le service médico-légal soit perpétuellement sur la brèche pour lutter contre les décès causés par les sévices envers les enfants, que je jugeais particulièrement odieux. De nombreuses années plus tard, le comté de Los Angeles allait mettre sur pied un conseil mixte chargé des problèmes des enfants maltraités ou victimes de négligence. Au sein de ce conseil mixte allaient siéger des représentants des forces de l'ordre, des services sociaux et de l'Institut médico-légal.

Non moins graves étaient les problèmes de mauvais traitements et de négligence à l'égard des personnes âgées. J'estimais que nous devions enquêter sur les décès dans les hospices ce que, à l'époque, la loi nous interdisait. Par la suite, mes collaborateurs et moi-même parvînmes à obtenir une révision de cette loi et, actuellement, les enquêtes sur les morts suspectes dans les hospices de vieillards font partie des attributions de la brigade médico-légale.

C'est ainsi que, plein de fierté pour mes nouvelles installations, je présidai à l'inauguration de l'Institut médico-légal. Mais, simultanément, je pensais à l'avenir. Quels qu'aient été par le passé les succès de nos services, il restait encore beaucoup à faire. Car le travail et la vie d'un médecin légiste-chef sont liés à la science. Il dirige un service mû par des principes scientifiques et par un esprit de recherche axé sur l'innovation et la mise au point de techniques nouvelles qui élargiront les horizons de la profession.

10

Est-ce que Patty Hearst est là-dedans?

Dans l'après-midi du 17 mai 1974, trois groupes des milices spéciales d'intervention se mettaient en position autour d'une maison de stuc dans le sud de Los Angeles. Ils avaient été amenés dans le quartier par la filature d'une camionnette de la SLA (Symbionese Liberation Army : Armée symbionaise de Libération, prônant la solidarité entre les ethnies et l'action révolutionnaire violente). La SLA avait enlevé une jeune fille de vingt-deux ans, héritière d'un empire de presse, Patricia Campbell Hearst.

Une vieille femme noire avait informé un policier qu'un Noir, un Blanc et plusieurs femmes blanches étaient entrés dans une maison sise 1461 East, 54e Rue.

La longue course sur les traces de Patty Hearst venait de prendre fin.

Les miliciens n'avaient rien laissé au hasard. Ils étaient armés de pistolets mitrailleurs, de fusils automatiques et de grenades lacrymogènes. Ils n'ignoraient pas que la SLA possédait des pistolets mitrailleurs capables de tirer mille cartouches à la minute ainsi qu'un arsenal varié de fusils, fusils automatiques à tir rapide et pistolets.

Pourtant, un point leur inspirait confiance : les membres de la SLA devaient comprendre qu'ils ne pouvaient pas prendre la fuite. La maison était cernée et tout le quartier était bouclé par les forces de police. Ils allaient être contraints de se plier à la raison. À 17 h 44, un chef de détachement de la milice leur envoya un message au moyen d'un porte-voix.

– Ici la police de Los Angeles. Je m'adresse aux personnes qui se retranchent dans la maison de stuc jaune. Sortez les mains en l'air et il ne vous sera fait aucun mal.

Une minute s'écoula, puis une autre. Soudain, la porte d'entrée s'ouvrit. Un jeune garçon s'avança en clignant des yeux sous le soleil. Un homme suivit. Les habitants de la maison prise par la SLA.

Lorsqu'ils furent en sûreté, le chef de détachement répéta son message. Pas de réponse. Un hélicoptère décrivait des cercles au-dessus de l'habitation. Les gens du voisinage se pressaient en foule contre les barrages dressés par la police. Les équipes de journalistes attendaient, tendus, que Patricia Hearst et ses ravisseurs fassent leur apparition sur le seuil.

Mais, dans la maison, rien ne trahissait le moindre signe d'activité. On aurait pu la croire vide. Le chef de détachement fit un nouvel appel au porte-voix. N'obtenant toujours pas de réponse, il adressa un signe à un homme vêtu d'un gilet pare-balles qui mit un genou en terre et tira une grenade lacrymogène dans une fenêtre. Il y eut un fracas de verre brisé puis un nuage de fumée blanche suffocante se répandit dans le petit bungalow.

Chose incroyable, le gaz semblait n'avoir aucun effet.

– Ils doivent avoir des masques là-dedans, dit le chef de détachement à son second. Ça va être dur.

Il donna l'ordre de tirer une seconde grenade, espérant que le gaz accumulé parviendrait à saturer les filtres des masques. La grenade fracassa une autre fenêtre.

C'est alors que la « guerre » – comme le rapportèrent les journaux – éclata soudain. Les fenêtres de la maison se mirent à cracher des rafales d'armes automatiques. Policiers et curieux plongèrent au sol. Certains spectateurs rampèrent jusqu'à des endroits abrités. Des centaines de balles percutaient les voitures et les maisons de l'autre côté de la rue. Le groupe d'intervention riposta et, grâce à la télévision, tout le pays put vivre la bataille en direct.

À San Francisco, William Randolph Hearst et sa femme regardaient la scène, pétrifiés d'horreur. Leur fille se trouvait dans cette maison d'aspect miteux que la police était en train d'arroser d'un feu nourri.

Le cauchemar avait commencé plusieurs mois auparavant lorsque deux hommes et une femme avaient traîné Patricia, hurlante et gesticulante, à l'extérieur d'un appartement de Berkeley. Il s'acheva en apocalypse au moment où la petite construction explosa soudain au milieu des flammes.

***

L'Armée symbionaise de Libération s'était fait connaître du public le 6 novembre 1973, jour où Marcus Foster, administrateur général des écoles d'Oakland, avait été poignardé. La SLA avait à la fois revendiqué le meurtre, annoncé son existence et lancé une déclaration de guerre fracassante :

> Nous, membres de la SLA, forts des droits de nos enfants, de la puissance des armes et de chaque goutte de notre sang, déclarons la Guerre révolutionnaire à la classe capitaliste fasciste. (...)

Moins de deux mois plus tard, le 10 janvier 1974, la police de San Francisco arrêtait une camionnette sur une route à grande circulation. Des coups de feu étaient échangés avec ses occupants, Russell Little et Joseph Remiro. La camionnette était pleine de tracts et de papiers de la SLA. Les documents conduisirent la police jusqu'à une maison à laquelle on venait visiblement de mettre le feu. Lorsque l'incendie fut éteint, les forces de l'ordre retrouvèrent des piles de manuels sur la guérilla urbaine, des caisses de munitions et un appareil destiné à enduire les balles de cyanure. Différentes sortes d'acides et de poisons furent aussi retrouvées ainsi que des notes mentionnant des noms qui allaient finalement entraîner l'identification des membres de cette curieuse armée révolutionnaire : Nancy Ling Perry, William Wolfe, Camilla Hall, Angela Atwood, Patricia Soltysik et Donald DeFreeze, un détenu noir évadé de la prison de Soledad. Des cahiers établis à partir de coupures diverses contenaient également, classés en ordre alphabétique, les noms, biographies et photos d'hommes d'affaires de Bay Area (San Francisco-Berkeley-Oakland) désignés comme cibles de la SLA et au nombre desquels figurait William Randolph Hearst Junior. Dans une note figuraient ces lignes auxquelles personne ne prêta attention à l'époque :

> Patricia Campbell Hearst, fille de cet enfoiré de Hearst… étudiante à l'Université de Californie. Pouvez-vous mettre sur pied un travail d'équipe? La nuit de la pleine lune…

Cette découverte de taille entraîna le FBI à ouvrir une enquête sur la SLA. Pourtant, les autorités restaient sceptiques sur cette armée révolutionnaire clandestine. Depuis l'affaire Manson, les mouvements hippies s'étaient effilochés. San Francisco et l'université voisine de Berkeley, centre spirituel du mouvement, avaient retrouvé le calme. Il n'y avait plus d'émeutes. Plus d'attentats ni d'actions revendiqués au titre de la lutte des classes. Plus de militants menaçant d'incendier des maisons. C'est pourquoi l'apparition de la SLA déroutait le FBI. N'étaient-ce pas plutôt quelques fantoches un peu mythomanes qui se donnaient le titre pompeux d'armée? Certains allaient même jusqu'à douter que ladite SLA eût quelque chose à voir dans le meurtre de Marcus Foster. Foster, en effet, était un notable noir bien considéré dans la région mais néanmoins difficile à inclure dans la classe «capitaliste fasciste».

Aussi la police évita-t-elle d'alarmer les personnes qui figuraient sur la liste noire de la SLA, pas plus qu'elle ne prévint Patty Hearst.

Mais, le 4 février 1974, une nuit de pleine lune, la SLA frappa. À 21 h 30, cette nuit-là, Steven Weed, un jeune étudiant, et sa fiancée, Patty Hearst, étaient en train de travailler dans l'appartement qu'ils partageaient. On frappa. Lorsqu'ils ouvrirent la porte, une jeune femme en imperméable, tête baissée, apparut sur le seuil. Elle dit qu'elle venait d'avoir un accident de voiture et demanda si elle pouvait utiliser le téléphone. Avant même que Weed ait pu lui répondre, deux Noirs armés de fusils écartèrent la jeune femme. L'un d'eux, collant le canon de son arme sur la tête de Weed, lui ordonna de se coucher au sol. Weed commença à s'agenouiller. C'est alors qu'à coups de pied, on acheva de l'allonger à plat ventre. La femme lui lia les mains dans le dos.

Entre-temps, Patricia Hearst avait été acculée dans la cuisine. L'un des intrus lui demanda où se trouvait son coffre-fort. Elle lui répondit qu'elle n'en avait pas. Steve Suenaga, un étudiant américano-japonais habitant un appartement voisin, entendit du bruit et vint voir ce qui se passait. On le traîna dans l'appartement où il fut allongé et ligoté près de Weed.

Profitant du tumulte, Weed parvint à se relever et à traverser la salle de séjour en hurlant. À tout instant, il s'attendait qu'on tire dans sa direction. Mais ses cris provoquèrent une réaction inattendue de la part des hommes armés. Ils le laissèrent filer par une porte de derrière et s'occupèrent de leur proie, Patty Hearst.

Arrivé à l'extérieur, Weed parvint à se libérer les mains. Mais, le temps qu'il fasse le tour de l'immeuble pour revenir par-devant, les trois ravisseurs faisaient sortir Patty Hearst, qui gesticulait et hurlait. Ils arrosèrent la façade de rafales d'armes automatiques. Tandis qu'ils tassaient la jeune fille dans le coffre d'une décapotable, les kidnappeurs aperçurent trois étudiants qui couraient vers la véranda d'une maison voisine. Ils les firent coucher au sol d'une rafale d'arme automatique. Puis, avec un hurlement de pneus, la voiture démarra dans la nuit.

Si c'était la publicité qu'elle cherchait, la SLA avait bien choisi son premier otage. Patty Hearst faisait partie d'une famille non seulement riche mais célèbre. Son grand-père, William Randolph Hearst, l'un des patrons de presse les plus en vue de l'histoire des États-Unis, avait en outre été immortalisé à l'écran par le film *Citizen Kane*. Ses fils – dont William Randolph Hearst Junior, le père de Patricia – avaient une vie moins mouvementée mais tout aussi active dans le domaine des affaires.

Trois jours après, la SLA revendiquait officiellement l'enlèvement de Patty Hearst et faisait connaître ses exigences sous forme d'une bande magnétique enregistrée par Donald DeFreeze. Le détenu évadé se faisait maintenant appeler Cinque, en hommage à Joseph Cinque, un esclave africain du XVIIIe siècle qui avait dirigé une révolte dans l'île de Cuba. Cinque demandait à William Randolph Hearst de donner soixante-dix dollars à chaque pauvre de Californie et achevait son communiqué sur une sinistre conclusion : « Je ne suis ni un tueur acharné ni un fou. Mais, s'il le faut, je suis tout à fait déterminé à exécuter votre fille pour sauver les hommes, femmes et enfants de toutes les races qui souffrent de la faim. »

Des millions d'Américains effarés écoutèrent la diffusion de cette bande à la télévision. C'est alors que, pour la première fois depuis le rapt, la voix de Patty Hearst se fit entendre :

> Papa, maman, ça va bien. J'avais quelques égratignures et de petites choses comme ça, mais ils me les ont nettoyées et ça s'arrange. Je ne suis pas véritablement terrorisée, je pense que vous pouvez vous en rendre compte en m'entendant. Essayez de ne pas trop vous inquiéter. Je sais que c'est dur. J'ai entendu dire que

maman était dans tous ses états et que tout le monde s'était réuni à la maison ; j'espère que ça vous fera un peu de bien…

Pour DeFreeze, les « pauvres » étaient tous les Californiens qui percevaient des subsides de l'Aide publique ou touchaient une retraite de la Sécurité sociale. Pour satisfaire aux exigences de la SLA, il fallait une somme de plus de quatre cents millions de dollars. Hearst fit un don de deux millions en nourriture distribuée aux « pauvres ». La SLA réagit en déclarant que ce n'étaient que « quelques miettes jetées au peuple ». Dans un nouveau communiqué, Cinque déclara que Hearst non seulement possédait des centaines et des centaines de millions de dollars mais entretenait des liens d'amitié avec des gens comme Howard Hughes et le shah d'Iran. Puis il terminait d'une voix furieuse : « Vous me connaissez. En fait, vous m'avez toujours connu. Je suis ce nègre que vous avez passé votre temps à pourchasser et à terroriser nuit et jour. Vous avez tué des centaines de gens dans le vain espoir de me retrouver. Je suis ce nègre… Et, maintenant, je suis le nègre qui vous traque… Mort aux insectes fascistes qui s'approprient la vie du peuple ! »

Sa colère donnait le frisson mais, une fois de plus, ce fut la voix de Patty Hearst qui retint l'attention : « Aujourd'hui, nous sommes le 19, et hier, le shah d'Iran a fait exécuter deux personnes à l'aube. » Une déclaration laconique, énoncée comme un robot. Mais tout le monde comprit immédiatement le message : le shah d'Iran, un ami de Hearst, avait fait tuer deux personnes la veille. La SLA pouvait en exécuter une.

La SLA demandait quatre millions de dollars supplémentaires pour les pauvres. Hearst se déclara d'accord pour payer mais à une condition: que sa fille soit libérée au préalable. Mais un nouveau communiqué enregistré faisait apparaître une Patty Hearst différente. Elle paraissait en colère contre ses parents et leur reprocha: «Je ne sais pas qui vous a influencés pour que vous refusiez d'accomplir ce geste de bonne volonté. ... Je n'ai plus peur de la SLA mais du FBI et de certaines personnes haut placées dans le gouvernement à qui ma mort pourrait être profitable.»

Nouveau mystère. La riche étudiante s'était-elle brusquement transformée en apôtre de la révolution? C'était incroyable mais les mois suivants allaient amener surprise sur surprise.

Le 3 avril, deux mois après son kidnapping, Patty Hearst annonça qu'elle avait rejoint les rangs de la SLA et que son nouveau nom était «Tania».

> On m'a donné le choix: soit on me libérait dans un endroit sûr, soit je restais au sein de la SLA et je me battais pour ma liberté et celle de tous les opprimés.
> J'ai choisi de rester et de me battre.

Apparemment, la SLA avait besoin d'argent pour continuer à se battre. Car, le 15 avril, huit personnes, dont Patty Hearst, effectuèrent un hold-up à la Hibernian Bank, dans le quartier du Sunset, à San Francisco. Ce sont les caméras installées à l'intérieur de la banque qui permirent d'identifier la jeune fille, armée d'un fusil semi-automatique. Quelques semaines plus tard, ayant reçu un «tuyau», le

FBI fit irruption dans une cache de la SLA à San Francisco. À leur arrivée sur les lieux, les hommes des forces de l'ordre constatèrent qu'il était trop tard. Parmi d'autres inscriptions, sur un mur étaient écrits ces mots : « PATRIA DE MUERTE, VENCEREMOS. » (PAYS DE LA MORT, NOUS VAINCRONS.) Et cette déclaration vengeresse était signée : « Tania ».

Puis la SLA et sa célèbre prisonnière s'évanouirent pour ne réapparaître que le 16 mai suivant, à Los Angeles. Deux jeunes gens, un garçon et une fille, furent surpris en train de voler dans les rayons d'un magasin. Un employé de surveillance les suivit et parvint même à menotter l'un d'eux. Mais, à cet instant, des balles se mirent à crépiter tout autour de lui. Patty Hearst, la révolutionnaire récemment convertie, postée dans une camionnette, avait ouvert le feu pour couvrir la fuite de ses camarades.

À la suite de cette fusillade, la piste d'une première camionnette volée, puis d'une seconde aboutit le lendemain à la petite maison de stuc de la 54e Rue. Une maison qui, en quelques instants, allait être réduite en un tas de débris enflammés.

***

Les tireurs des milices d'intervention étaient encore accroupis derrière des voitures lorsque, accompagné de mon équipe, j'arrivai sur les lieux de la fusillade. Je vis les braises incandescentes et la construction rudimentaire qui s'était totalement effondrée. J'entendis les déflagrations des munitions qui continuaient à exploser à l'intérieur des ruines.

Les reporters, contenus derrière les barricades, n'avaient qu'une question sur les lèvres : « Patricia Hearst se trouvait-elle à l'intérieur ? » Si oui, elle était certainement morte. Selon moi, personne n'avait pu survivre dans cet amas de cendres.

Mon travail consistait, précisément, à déterminer qui se trouvait dans les ruines. Je savais que j'allais rencontrer des difficultés. Puis, rapidement, je pris conscience d'un autre problème. La maison se situait à proximité d'un quartier noir. Le chef de la SLA était un Noir. Et je savais que les policiers avaient tiré sur la maison des centaines de cartouches qui avaient fini par tuer tous les occupants en provoquant une explosion suivie d'un incendie. Personne ne pouvait nier que les membres de la SLA avaient tiré sur la police mais, pour des citoyens noirs, la réaction des milices d'intervention pouvait paraître disproportionnée à l'agression, voire prendre un tour raciste.

J'avais donc deux missions importantes à accomplir ce jour-là : non seulement identifier les corps au nombre desquels se trouvait certainement celui de Patty Hearst, mais découvrir comment les membres de la SLA étaient morts.

Quelqu'un me tendit un ciré jaune et, accompagné de mon équipe ainsi que d'un officier de police, je m'avançai vers les ruines fumantes. Bob Dambacher, mon enquêteur principal adjoint, découvrit immédiatement un corps carbonisé, à environ trois mètres du coin sud-est de la maison. L'officier de police nous rapporta qu'une jeune femme, les vêtements en feu, était sortie en trombe de la construction.

Nous commençâmes par la tâche pénible mais nécessaire consistant à photographier ce cadavre. Lorsque mon équipe eut achevé ce travail, je m'accroupis près du corps et notai une chose étrange: les restes fondus d'un masque à gaz sur son visage. À ce stade, aucune forme d'identification n'était encore possible.

Mais le masque indiquait que les autres combattants de la SLA devaient posséder un équipement identique. Si tel était le cas, cela montrait qu'ils s'étaient préparés à lutter jusqu'au bout et que la riposte des miliciens était justifiée. Je remarquai également qu'un pistolet gisait près de la morte et qu'elle portait plusieurs épaisseurs de vêtements qui ne s'étaient pas entièrement consumés. Avait-elle succombé au feu ou à l'inhalation de fumée, ou encore avait-elle été abattue en sortant de l'habitation? L'état du corps, noirci, ne me permettait pas de distinguer de traces de balles, mais l'autopsie allait révéler la cause du décès.

Nous entrâmes dans les ruines de la maison où des pompiers s'occupaient avec prudence de dégager des poutres brûlées, des pièces de métal fondu et des cendres. De temps à autre, le crépitement de munitions enfouies sous les braises faisait sursauter tout un chacun. La sécurité voulait que j'attende l'extinction de la dernière braise avant de faire intervenir mon unité de recherche. Mais le corps de Patty Hearst se trouvait probablement dans ces braises. À vrai dire, tant pour moi-même que pour les services de police et tous les Américains, il s'y trouvait à coup sûr. C'est pourquoi, outre la pression des médias, je décidai de continuer, par égards pour la famille Hearst.

Dans l'angle sud-ouest, un autre corps avait été dégagé par les pompiers. C'était aussi celui d'une femme, entièrement habillée, bottée, un masque à gaz sur le visage, la main brûlée encore crispée sur un fusil automatique M-l.

Était-ce Patty Hearst? Je l'ignorais. Le visage ravagé par le feu était méconnaissable.

Toujours très prudents, conscients de la présence des munitions, les pompiers continuèrent à écarter les décombres fumants. L'officier de police m'expliqua que la maison était de plain-pied et se composait de deux chambres, d'une salle de séjour, d'une cuisine et d'une salle de bains. Pas de cave, mais il me précisa qu'il y avait un vide sanitaire d'une hauteur de quarante-cinq centimètres environ et que des coups de feu semblaient être partis des orifices d'aération aménagés dans le mur entourant ce vide sanitaire.

Du coin de la maison où se trouvait la salle de bains, mon chef photographe-enquêteur, Bill Lystrop – qui allait par la suite, devenir le directeur du bureau d'aide à la médecine légale –, nous adressa un signe. D'autres corps venaient d'être découverts dans le vide sanitaire, au-dessous de la salle de bains, parmi un enchevêtrement de tuyaux et des tas de décombres. L'enquêteur dégagea les débris et j'observai une scène étonnante. L'un des morts semblait agenouillé au-dessus d'un autre, qui était entièrement brûlé. Le corps agenouillé était celui d'une femme, portant une ceinture de cartouches. Elle aussi pouvait très bien être Patty Hearst.

Il commençait à faire nuit et les services de sapeurs-pompiers braquèrent des projecteurs sur les lieux. Nous poursuivîmes nos recherches, baignés par une lumière irréelle pendant que, en dehors de la zone éclairée, la presse et une foule de plusieurs centaines de personnes continuaient à attendre anxieusement.

Je demandai à Bob Dambacher de contacter le FBI.

– Dites-leur que je veux les dossiers dentaires de tous les membres de la SLA pour minuit à mon bureau. Nous mettrons à leur disposition un local de l'Institut.

– Et les empreintes digitales? me demanda-t-il.

– D'après ce que j'ai pu voir, les doigts sont complètement brûlés. Mais, par acquit de conscience, ils pourront examiner les corps lorsqu'ils arriveront en salle d'autopsie.

Pendant trois heures encore, les pompiers fouillèrent les ruines sans obtenir d'autre résultat. Nous avions retrouvé cinq cadavres. Je les fis transporter dans des fourgons jusqu'à l'Institut médico-légal, où j'avais l'intention de me mettre immédiatement au travail. Nous ne pouvions pas attendre. Trois cadavres étaient de sexe féminin et n'importe lequel d'entre eux pouvait être celui de Patty Hearst.

***

Le Dr Gerald Vale, un bel homme athlétique à la chevelure blanche, avait suivi un cursus exceptionnel. Il était diplômé non seulement de l'École dentaire mais également de la Faculté de Droit. Je l'avais nommé chef de la division d'odontologie et il avait assuré la formation médico-légale de nombreux jeunes dentistes.

Nous nous retrouvâmes à minuit dans mon bureau. Le FBI, installé dans un bureau spécial de l'Institut, lui avait communiqué les dossiers dentaires des membres de la SLA et celui de Patty Hearst qui, heureux concours de circonstances, avait subi des radiographies dentaires deux semaines seulement avant son enlèvement. Je demandai à Vale de découper les mâchoires de chaque cadavre avant de les passer aux rayons X. Cela me paraissait nécessaire car, pour être absolument certains de ne commettre aucune erreur, il nous fallait reproduire très exactement l'angle de prise des radiographies effectuées par les dentistes des victimes. En découpant les mâchoires, avec leurs bridges, couronnes et plombages, nous pouvions procéder avec une rigueur considérablement accrue.

Je faisais confiance à Vale et à son équipe pour confronter avec un soin extrême les résultats de ses radios et observations avec le contenu des dossiers dentaires. L'attente des résultats dans mon bureau reste comme un vide dans mon souvenir. Un vide occupé par des coups de téléphone du FBI, des services de police de Los Angeles, et de la presse, impatients de savoir si Patty Hearst avait été identifiée parmi les victimes. Finalement, à 6 heures du matin, je me rendis dans le laboratoire où Vale et ses hommes étaient encore au travail.

– Pour commencer, les mauvaises nouvelles, annonça-t-il. Jusqu'à présent, nous n'avons formellement identifié que deux des victimes grâce à leurs dossiers. Mais la bonne nouvelle est que les radios dentaires de Patty Hearst ne correspondent à aucune de celles que nous avons faites. Elle n'était pas dans cette maison.

J'avais peine à le croire. Il y avait des mois que Patty Hearst n'avait pas quitté la SLA. La veille même, elle avait été reconnue lors du vol dans le grand magasin. Et maintenant, voilà que cinq membres de la SLA avaient péri dans une fusillade et que leur otage manquait à l'appel…

– À propos, reprit Vale, j'allais oublier la plus mauvaise des mauvaises nouvelles.

– Quoi? lançai-je d'une voix tendue.

– Donald DeFreeze ne se trouvait pas non plus dans cette maison.

C'était une nouvelle bombe pour moi. Ainsi le chef de la SLA était porté manquant lui aussi?

– Aucun point commun entre son dossier et vos radios? demandai-je.

– Aucun. Le dossier nous a été transmis par les autorités pénitentiaires. Précisons tout de même, mais je ne vous apprendrai rien, que les dossiers médicaux ou dentaires fournis par les prisons ne sont pas toujours des instruments de travail de toute confiance.

C'était vraiment une situation bizarre. D'après nos renseignements, il n'y avait qu'un Noir de sexe masculin au sein de la SLA: DeFreeze. Or l'un des trois cadavres non encore identifiés était celui d'un Noir de sexe masculin. Il y avait de fortes chances pour qu'il s'agisse de «Cinque», ce qui signifiait que le dossier communiqué par la prison était erroné. Dans le cas contraire, le plus redoutable des militants de la SLA – Donald DeFreeze – se trouvait encore en liberté.

Je rendis immédiatement visite aux agents du FBI qui travaillaient dans nos murs et leur demandai de communiquer la bonne nouvelle aux parents de Patty Hearst. Puis je leur dis que nous n'étions pas parvenus à identifier DeFreeze.

– Pensez-vous avoir quelque chance de vous en sortir avec les empreintes digitales? leur demandai-je.

Je savais que les doigts des victimes avaient été presque complètement détruits par le feu. Aussi fut-ce une nouvelle surprise pour moi lorsque l'agent du FBI me répondit:

– C'est fait. Nous avons réglé le cas DeFreeze.

– Grâce aux empreintes digitales?

– Pas exactement. Nous allons venir vous montrer cela dans votre bureau.

En effet, quelques instants plus tard, l'homme entra dans mon bureau et me posa sous les yeux un immense agrandissement photographique qui semblait représenter des bandes blanches striées de lignes au tracé ondulant. Je lui demandai de quoi il s'agissait.

– Ce sont des bandes de peau non brûlée photographiées sur les doigts de DeFreeze. Elles correspondent à ses empreintes.

C'était vrai. Le travail réalisé par les techniciens du FBI était un superbe exemple de réussite dans une recherche médicolégale.

Une chaleur intense provoque une contraction musculaire. Les doigts ont tendance à se recourber en brûlant et l'on ne retrouve que des serres carbonisées. Mais, dans ce processus, il arrive que d'infimes portions de peau situées dans les plis des jointures soient préservées des dégâts du feu. C'est ce qui était arrivé dans le cas de DeFreeze.

Lorsqu'on avait pris ses empreintes digitales à son arrivée à la prison, ses doigts avaient été étalés à plat sur un tampon encreur. Ainsi le FBI possédait des photographies de toute la longueur de ses doigts, y compris les jointures. Grâce à un agrandissement considérable, les techniciens avaient pu comparer les petites portions de peau protégées dans le pli des jointures et les photos transmises par les autorités pénitentiaires. Elles correspondaient exactement.

À 9 heures du matin, nous avions identifié toutes les victimes et, à l'occasion d'une conférence de presse, j'annonçai que Patty Hearst ne se trouvait pas au nombre des tués de la 54e Rue. Toute la journée durant, les bulletins retransmirent la nouvelle miraculeuse. Mais je n'étais pas au bout de mes surprises. Celle qui m'attendait le lendemain matin me porta un coup terrible.

Un sixième cadavre avait été retrouvé dans les décombres. Celui d'une femme.

J'étais atterré. La veille, j'avais confirmé à M. et Mme Hearst que leur fille était en vie, et voilà qu'on retrouvait une femme non identifiée dans les ruines de la petite maison. Ce ne pouvait être que Patty Hearst.

Une fois de plus, les journalistes réclamèrent des informations à cor et à cri. Un coup de fil de Ronald Reagan, alors gouverneur de Californie, me fit, s'il en était encore besoin, prendre durement conscience du désespoir des Hearst. C'était en leur nom qu'il appelait.

– C'est effroyable pour la famille, me dit-il. Pensez-vous pouvoir faire quelque chose?

Je répondis que j'appellerais personnellement M. et Mme Hearst dès que nous connaîtrions l'identité de la dernière victime.

Immédiatement, je regagnai les lieux de la fusillade en compagnie de mon équipe. Nous découvrîmes un petit bouquet de fleurs déposé devant la maison calciné. Les enquêteurs des services de police de Los Angeles avaient examiné les lieux en procédant systématiquement, selon une technique de quadrillage. La dernière victime avait été découverte dans l'angle sud-ouest de la maison, qui faisait partie du dernier secteur délimité pour les recherches. Le corps était profondément enfoui sous des décombres. J'ordonnai qu'il soit rapidement transporté à l'Institut.

Là, dans une salle d'autopsie, le Dr Vale reprit son travail minutieux, positionnant très exactement les mâchoires de la victime avant de faire sa radio. Il fallut ensuite attendre le développement des clichés. Dès que ce fut fait, nous nous bousculâmes pour aller les comparer avec ceux de Patty Hearst.

À notre soulagement, les radios de Vale reproduisaient celles du dossier de Camilla Hall, un autre membre de la SLA. Nouveau rebondissement miraculeux. Patty Hearst était toujours vivante.

J'étais dans un état de nerfs indescriptible lorsque je décrochai le téléphone et composai le numéro que m'avait donné Ronald Reagan. Une voix d'homme répondit.

– Monsieur Hearst? demandai-je.

– Oui.

– Je suis le Dr Noguchi, coroner du comté de Los Angeles. J'ai le plaisir de vous annoncer que la sixième victime n'était pas votre fille.

Il y eut un silence. Puis un soupir:

– Oh, merci, mon Dieu!

Une voix de femme prit le relais. Mme Hearst voulait entendre la nouvelle de ses propres oreilles. Lorsque je la lui annonçai, elle se mit à pleurer de joie.

***

Outre Camilla Hall et Donald DeFreeze, les victimes de la fusillade étaient Nancy Ling Perry, Angela Atwood, William Wolfe et Patricia Soltysik. Les autopsies révélèrent que deux d'entre elles n'étaient pas mortes sous les balles des miliciens mais à la suite de brûlures et d'inhalation de fumées toxiques. Les membres de la communauté noire ainsi que d'autres citoyens préoccupés par la question commençaient déjà à accuser les brigades d'intervention d'avoir riposté avec une violence disproportionnée à la menace. Certains allèrent même jusqu'à baptiser la fusillade le «massacre de la SLA». J'estimai donc nécessaire que le public sache très exactement ce qui s'était passé. Je décidai de retourner sur les lieux et de reconstituer, à partir des indices relevés, les derniers mouvements des militants de la SLA. Certains représentants des médias accueillirent mon projet avec un scepticisme teinté d'ironie. La maison n'était plus qu'un tas de cendres poussiéreuses d'où émergeaient, çà et là, quelques vestiges de tuyauteries et de fondations. Comment, disaient-ils, pouvais-je penser reconstituer les mouvements des combattants à l'intérieur d'une construction dont il ne restait rien?

Mais, d'après les témoignages oculaires et les résultats de certains tests et examens déjà effectués, j'avais une idée globale de ce qui s'était produit. Confronté, une fois de plus, aux décombres de la modeste demeure de la 54e Rue, j'imaginai le milicien en train de tirer une grenade lacrymogène, puis une seconde. La suite des événements restait non pas à imaginer, mais à recréer par déduction.

La SLA avait ouvert le feu au moment où la seconde grenade lacrymogène avait été tirée, criblant de balles les voitures qui se trouvaient de l'autre côté de la rue. Du fait qu'elles étaient restées immobiles et offraient une importante surface à examiner, les voitures montraient parfaitement la trajectoire suivie par les balles. Il en ressortait que seuls deux membres de la SLA avaient tiré dans cette direction, à partir de positions légèrement différentes correspondant à l'emplacement des fenêtres. Mais, presque immédiatement, les autres militants s'étaient trouvés confrontés à une autre urgence : l'incendie.

Marchant dans les débris de ce qui avait été une chambre à coucher, située sur la façade de devant, je découvris un bidon d'essence noirci par le feu. Je le ramassai et trouvai la perforation laissée par une balle. Je savais maintenant comment avait éclaté l'incendie qui avait détruit la maison. Une balle tirée par les forces de l'ordre avait troué le bidon, des vapeurs d'essence s'étaient échappées et avaient pris feu à la suite de la forte chaleur dégagée par l'explosion d'une grenade lacrymogène.

En examinant les corps retrouvés sur les lieux, j'avais déjà observé que les militants de la SLA s'étaient habillés en prévision d'un combat. Ils portaient plusieurs épaisseurs de vêtements, des bottes et même des masques à gaz destinés à annihiler l'effet des grenades lacrymogènes. Mais ils n'étaient pas prêts à affronter un incendie. Apparemment, une seule des militantes avait cédé à la panique : Nancy Ling Perry. Ses vêtements avaient pris feu et elle avait tenté de fuir par l'arrière de la maison. Nous avions retrouvé sa dépouille brûlée à l'extérieur.

Mais l'autopsie avait fait apparaître deux orifices de balles dans son corps. Pourquoi les groupes d'intervention avaient-ils tiré sur cette torche vivante ? Ce fut l'autopsie de Camilla Hall qui nous l'expliqua. Camilla Hall avait été tuée d'une balle au front. D'après sa position, il était presque évident qu'elle s'était mise à tirer pour couvrir la fuite de Nancy Ling Perry et qu'elles avaient toutes deux été touchées par la riposte.

Près du corps de Camilla Hall, se trouvait celui de la première victime de l'incendie, Angela Atwood. Le fait qu'elle n'ait pas été retrouvée en compagnie des autres membres de la SLA qui étaient encore en vie à ce moment m'indiquait qu'elle aussi était intervenue dans la sortie de Nancy Ling Perry. À partir de la position de son corps, il m'apparut qu'elle avait dû essayer de ramener sa camarade Camilla Hall dans la maison au moment où cette dernière avait été touchée. C'est alors qu'elle avait été entourée par les flammes et que ses vêtements avaient pris feu. Elle aurait pu tenter de sortir mais ne l'avait pas fait et avait péri brûlée.

L'incendie faisait rage dans le petit bâtiment et s'attaquait à tout. Les groupes d'intervention, à l'extérieur, avaient cessé de tirer, pensant que personne ne pouvait survivre dans cet enfer. Mais, à l'intérieur, les membres de la SLA encore vivants firent une tentative désespérée – et ingénieuse – pour survivre. Et je savais qu'ils avaient survécu pendant un laps de temps remarquablement long car ils avaient continué à tirer sur leurs assaillants à partir du vide sanitaire situé sous la maison.

Mais il n'y avait pas d'accès à ce vide sanitaire. Comment avaient-ils pu y pénétrer et résister si longtemps au feu? Je parcourus les ruines et c'est dans celles de la salle de bains que je découvris la réponse : un grand trou pratiqué dans le plancher. Une hache avait été retrouvée près de ce trou. J'observai ensuite un autre détail en me penchant au-dessus de la baignoire noircie. Les deux robinets étaient en position « ouvert ». Je regardai ceux du lavabo. Ouverts aussi. J'avais suffisamment d'éléments pour me faire une idée de l'apocalypse finale.

Au moment où l'incendie avait éclaté, dans une chambre du devant, trois militants de la SLA – DeFreeze, Wolfe et Soltysik – s'étaient précipités dans la salle de bains. Ils avaient imprégné leurs vêtements d'eau puis percé un trou dans le sol. Avant de disparaître dans le vide sanitaire, ils avaient pris soin d'ouvrir tous les robinets en grand. Leur raisonnement était le suivant: l'eau, en s'écoulant, allait envahir le vide sanitaire et le protéger de l'incendie qui faisait rage au-dessus.

Grâce à leurs vêtements mouillés et à l'eau qui pleuvait sur eux, ils purent continuer à tirer de la maison ravagée par les flammes. Mais l'incendie ne déclinait pas. Les tuyauteries fondirent, se tordirent et l'eau fut coupée. Les flammes se rapprochaient. Ils savaient qu'ils allaient mourir s'ils décidaient de rester.

Et pourtant, ils restèrent, même lorsque les masques à gaz entrèrent en fusion sur leur visage. William Wolfe succomba à des brûlures multiples et à l'inhalation de fumées. Patricia Soltysik, de la combinaison d'inhalation de fumées, de brûlures et de blessures par balles. Donald DeFreeze périt d'une blessure mortelle.

C'était la fin de la SLA. Une démarche qui était l'ABC de la science médico-légale m'avait permis de reconstituer jusqu'à l'ordre chronologique des décès. Le feu provoque un dégagement de fumées chargées de monoxyde de carbone. Ainsi, la victime dont l'organisme contenait la plus grande quantité de ce gaz était celle qui avait péri la dernière. Il s'agissait de Donald DeFreeze. Celle qui en avait absorbé le moins (Hall) avait été la première à mourir. Ce principe m'avait permis d'établir, avec une fiabilité acceptable, cette chronologie.

Détail symbolique, « Cinque » – Donald DeFreeze – fut le dernier combattant de la SLA à perdre la vie. Retrouvant sur son front des traces susceptibles d'être prises pour de la poudre, je pensai tout d'abord que, voyant la fin arriver, il avait préféré – comme Hitler – se donner lui-même la mort. Mais les tests de laboratoire montrèrent que la blessure mortelle contenait des éléments métalliques qui ne pouvaient provenir des balles de calibre 38 de l'arme de DeFreeze. J'en conclus que les traces – qui étaient bien de la poudre – provenaient de l'explosion de caisses de munitions situées à proximité.

* * *

Le dramatique « crépuscule des Dieux » de la SLA donna à tous les Américains un aperçu effroyable des potentialités du terrorisme politique. Des jeunes gens instruits, guidés par une conviction politique, pourtant bien naïve, n'avaient pas hésité à se laisser périr dans le feu pour défendre leurs idéaux.

Lorsque je rendis public mon rapport sur les derniers instants de la SLA, je déclarai :

> Ils ont choisi de mourir. C'est de leur propre gré qu'ils sont restés terrés sous la maison pendant que l'incendie faisait rage au-dessus de leurs têtes. De toute ma carrière de coroner, je n'ai jamais été témoin d'une pareille attitude face au péril des flammes.

La puissance de leur conviction me paraissait tellement incroyable que j'ordonnai une autopsie psychologique.

Elle nous apprit que les terroristes étaient persuadés que la mort constituait un bon moyen de susciter la sympathie à l'égard de leur cause. En conséquence, ils n'avaient pas peur de mourir. C'est pourquoi une stratégie policière conventionnelle avait échoué face à eux. Confrontés au choix de se rendre aux autorités ou de mourir dans l'action, les terroristes optent le plus souvent pour la mort.

Ma reconstitution contribua à apaiser les ressentiments à l'égard des groupes d'intervention. Le public comprit que les militants de la SLA ne se seraient jamais rendus. Même cernés par les flammes, ils avaient continué à tirer, essayant jusqu'à la fin, de tuer les «oppresseurs».

11

La science médico-légale à l'œuvre

Après ce travail sur l'affaire de la SLA, la brigade médico-légale de Los Angeles se trouva, une fois de plus, sur la sellette. Mon bureau fut assiégé par les reporters de journaux et de magazines désireux d'écrire des articles plus personnels à mon sujet. La même semaine, *Time* et *Newsweek* publièrent des articles sur ce drôle d'Américain d'origine japonaise, coroner à Los Angeles. Chose intéressante, les journalistes étaient fascinés par un aspect de mon travail qu'ils semblaient mal connaître : la réalisation de l'enquête qui accompagnait l'exercice purement médical de mes fonctions. Ils me peignaient sous les traits d'un Sherlock Holmes venu d'Asie, d'un limier japonais spécialisé dans la résolution de meurtres « impossibles » qu'il expliquait grâce à des intuitions et à des pistes apparemment invisibles.

Description flatteuse, certes, mais quelque peu exagérée. Je ne suis ni Sherlock Holmes, ni un super-détective aux yeux bridés. Mais, après la parution de ces articles, je reçus de tout le pays des demandes pour résoudre des homicides mystérieux. Si ces affaires avaient présenté un intérêt certain pour la science médico-légale, j'aurais très probablement accepté. Mais il allait de soi que je ne pouvais concilier ces demandes et les longues heures de travail que je devais consacrer à mes fonctions de coroner. De plus, les homicides mystérieux survenus à Los Angeles suffisaient amplement à m'occuper.

Un simple déclic

La jolie jeune femme blonde était étendue sur le sol, près de son lit. Au milieu de son front, le trou d'une balle laissait échapper un filet de sang. Les inspecteurs chargés de l'enquête demandèrent aux habitants de l'immeuble s'ils avaient entendu des coups de feu. «Non», répondirent-ils.

L'affaire avait toutes les apparences du crime typiquement hollywoodien. La jeune femme blonde était une actrice qui essayait de faire carrière. Les inspecteurs des services de police savaient par expérience combien ces jeunes femmes étaient les victimes favorites des opportunistes, des escrocs et des criminels de tout acabit. Ne rêvant que de percer dans le cinéma, elles tombaient fréquemment dans les pièges des «faisans» de Hollywood.

Cette fois pourtant, l'affaire allait se révéler beaucoup moins classique. Mon adjoint chargé de l'autopsie m'appela à sa table.

– C'est curieux, me dit-il, la police dit qu'elle a été tuée par balle mais il n'y a aucun projectile dans le cerveau et aucune autre blessure par laquelle il aurait pu ressortir du crâne.

Je restai coi. Je convoquai l'enquêteur qui avait vu les inspecteurs de la brigade criminelle. Il me dit qu'aucune arme à feu n'avait été retrouvée sur les lieux et qu'aucun coup de feu n'avait été entendu par les voisins. Pourtant, le trou dans le front de l'actrice était identique aux milliers d'autres que j'avais vus. Il présentait toutes les caractéristiques de la blessure par balle, y compris l'éraflure typique, l'arrondi de l'orifice et la peau légèrement rentrée vers l'intérieur sur la périphérie de la blessure.

J'invitai mon adjoint à conserver le corps jusqu'à ce que nous puissions faire un complément d'enquête. Car une chose au moins était certaine : nous ignorions les modalités et la cause de la mort. Lorsque j'appelai les inspecteurs de la brigade criminelle pour les informer de ce mystère, ils se montrèrent à la fois surpris et déçus.

– Comment pouvons-nous retrouver le tordu qui a fait ça si nous ne savons même pas comment elle a été tuée? me répondit mon interlocuteur.

Cette affaire me hanta au point de tourner à l'obsession. Et pourtant, aucune forme d'explication ne me venait à l'esprit. À mesure que les jours passaient, le cas de la jeune actrice semblait bien voué à finir dans les archives de l'Institut médico-légal avec la mention : « Cause du décès : indéterminée ».

Un jour de décembre, je faisais des emplettes dans le centre de Los Angeles. Noël approchait et j'avais décidé de passer mon heure de déjeuner à courir les boutiques. Je m'arrêtai devant un magasin de confection. Je me rappelle qu'un corsage vert avait attiré mon attention. Je pensais qu'il irait merveilleusement bien à ma femme.

Le corsage était exposé sur un mannequin, mais je ne voyais pas d'étiquette portant le prix. Je regardai alors dans le bas de la vitrine et, instantanément, j'oubliai le corsage vert. En une fraction de seconde, le badaud que j'étais redevint coroner. Mes yeux n'examinaient plus un cadeau à faire mais l'éventuelle arme d'un crime.

Ou bien étais-je en train de me monter le coup? L'arme que je venais de repérer était un soulier à talon aiguille.

J'entrai dans le magasin et examinai un soulier semblable sous le regard médusé d'une vendeuse. En effet, au lieu d'admirer le soulier lui-même, je ne m'intéressais qu'à la pointe du talon. «C'est peut-être idiot, me dis-je, mais ce talon correspondrait parfaitement au trou.»

Un simple déclic s'était produit dans mon esprit à la vue du soulier. De retour à mon bureau, je laissai passer quelques heures avant d'appeler les inspecteurs des services de police. Et puis je le fis.

– Cela vous semblera peut-être complètement fou, dis-je, mais j'ai découvert un objet qui pourrait bien avoir causé la blessure.

– Ah oui?

– Un soulier de femme à talon aiguille.

Silence, puis l'inspecteur reprit:

– Docteur Noguchi, vous êtes en train de nous faire une blague…

– Pas du tout. C'était juste une idée. Je ne voudrais pas avoir l'air d'insister mais pourquoi n'iriez-vous pas fouiller dans le voisinage à la recherche d'un soulier à talon aiguille? Qu'avez-vous à y perdre?

L'inspecteur pensa certainement que j'avais perdu la tête, mais, poliment, il se garda de me le dire. Je sentis toutefois l'amusement percer dans sa voix lorsqu'il m'annonça que, bien que n'en voyant vraiment pas l'utilité, il allait tout de même accéder à mon extravagante demande.

Il me rappela un peu plus tard. À quelques centaines de mètres de l'immeuble où habitait l'actrice, ses hommes avaient trouvé, dans un parking désert, un soulier à talon aiguille. Le bout du talon portait des traces de sang. L'examen du sang nous apprit qu'il correspondait aux caractéristiques de celui de la victime. Soumise à un examen microscopique, la pointe du talon correspondait également à la forme de la blessure relevée sur son front.

Nous avions découvert l'arme du crime. Et nous avions aussi une possibilité de découvrir l'assassin si c'était la propriétaire du soulier. Des sécrétions telles que la salive, l'urine et la sueur permettent d'après les antigènes qu'elles contiennent de déterminer le groupe sanguin de celui qui les a produites. Dans le cas qui nous intéressait, la clef se trouvait peut-être dans la sueur qui imprégnait la semelle intérieure du soulier. Effectivement, une analyse de cette sueur nous permit de connaître le groupe sanguin de la propriétaire.

Mais qui aurait pu tuer une jeune fille à l'aide d'un soulier à talon aiguille? La police examina cette question sous tous les angles. Il apparaissait peu vraisemblable qu'un homme ait utilisé ce genre de soulier pour tuer. Par contre, une femme aurait eu du mal à déployer une force suffisante pour porter un coup mortel avec un talon. Soudain, un inspecteur trouva une réponse possible à cette énigme. Le meurtrier pouvait éventuellement être un travesti ou un transsexuel.

Mais il s'agissait d'une hypothèse qui, sans preuves, ne me permettait pas de poursuivre plus loin mes conjectures quant à l'identité du meurtrier. Mais cette tragédie «typiquement hollywoodienne» faillit bien prendre une tout autre tournure lorsque la police retrouva la trace d'un suspect *qui était effectivement un travesti.* Malheureusement, elle n'eut pas une fin «typiquement hollywoodienne», fin dans laquelle justice est généralement faite. Les policiers recherchèrent ce travesti pendant des semaines mais ne parvinrent jamais à le retrouver. Nous avions découvert les «modalités et causes de la mort» de la jeune actrice, mais pas son meurtrier.

Le chien qui hurlait à la mort

Un jour, je reçus un coup de fil insolite. Il ne venait ni de mes amis de la brigade criminelle, ni des services du District Attorney, mais de membres de la Société protectrice des Animaux. Ces personnes étaient allées libérer un chien enfermé dans une maison abandonnée et pensaient qu'un meurtre y avait peut-être été commis. Lorsque j'arrivai devant cette maison, qui se trouvait à Hollywood, je m'aperçus que la police de Los Angeles était déjà sur place. C'est en pénétrant dans les lieux que je compris pourquoi. Il y avait des taches de sang sur les murs et le sol de la salle de bains.

Les policiers avaient déjà mené un début d'enquête auprès des voisins. Ces derniers leur avaient déclaré que deux hommes habitaient la maison mais que ni l'un ni l'autre n'avaient été vus dans le quartier depuis plusieurs jours. Il n'y avait ni objets personnels, ni vêtements dans l'habitation, qui semblait bel et bien abandonnée. Les voisins avaient alerté la Société protectrice des Animaux à cause des hurlements du chien enfermé à l'intérieur.

Pendant que la police essayait de rassembler des renseignements plus précis concernant l'identité des occupants, j'allai visiter la salle de bains. Une odeur inhabituelle et particulièrement âcre régnait dans la pièce. Examinant la baignoire, je notai une trace jaune sur l'émail du fond. Un petit frisson d'horreur me parcourut lorsque j'envisageai la signification possible de la présence simultanée d'une trace jaune et de cette odeur tenace. J'ordonnai que le sol de la salle de bains soit défoncé.

Quelques heures plus tard, la baignoire était enlevée et une tranchée profonde d'un mètre quatre-vingts avait été creusée. Je me penchai au bord du trou en prenant soin d'éviter les pelletées de terre envoyées par les ouvriers.

Ils venaient d'atteindre le raccord avec les égouts et ouvraient la trappe de visite.

– Un instant, dis-je.

Ils s'arrêtèrent et levèrent les yeux vers moi.

– Pourriez-vous me donner un coup de main ? demandai-je.

Les hommes m'aidèrent à descendre dans la tranchée. Je marchai jusqu'à la trappe et m'accroupis près d'elle. Je remarquai alors un petit objet couvert de limon, collé à la trappe. Je le pris, le nettoyai et vis que c'était une dent humaine.

Examinant de plus près l'intérieur de la trappe, je trouvai une autre dent. Les soupçons affreux qui m'avaient effleuré semblaient bien s'avérer exacts. Un corps humain avait été dissous à l'acide dans la baignoire, puis évacué vers les égouts.

Vers la fin de l'après-midi, les services de police avaient découvert l'identité des deux hommes qui occupaient la maison. Je leur demandai d'essayer de retrouver les dentistes des intéressés.

– Mais, précisai-je, nous irions certainement beaucoup plus vite si vous pouviez découvrir lequel des deux pouvait se procurer de grandes quantités d'acide sulfurique.

La police effectua des recherches dans ce sens et apprit que l'un des deux hommes travaillait comme comptable dans une usine qui utilisait de l'acide sulfurique dans le processus de finition de ses produits. Quelques jours plus tard, grâce à d'autres renseignements, les policiers retrouvaient l'homme qui leur fit des aveux effarants.

Lui et son colocataire avaient eu un différend au sujet du règlement du loyer. Une bagarre avait éclaté, l'autre homme avait glissé et s'était tué en se fracassant le crâne sur le bord de la baignoire.

Craignant d'être accusé de meurtre, l'individu retrouvé par la police avait décidé de faire disparaître le corps. Il s'était rendu à l'usine où il travaillait et avait « emprunté » des bidons d'acide sulfurique. Il les avait vidés dans la baignoire puis, patiemment, morceau par morceau, avait dissous le corps de son colocataire dans l'acide, qu'il avait ensuite évacué à l'égout.

Cela fait, il se pensait lavé de tout soupçon. Personne ne pourrait l'accuser de meurtre, s'il n'y avait pas de cadavre ! Mais il avait commis des erreurs stupides. Après les longs et pénibles efforts pour se débarrasser du corps, il avait quitté la maison en toute hâte, sans même prendre la peine de nettoyer le sang dans la salle de bains. Il avait aussi laissé à l'intérieur un petit chien bruyant dont les hurlements avaient fini par intriguer les habitants du quartier.

Mais sa plus grosse erreur était d'ignorer que deux dents, retrouvées dans un tuyau d'évacuation à un mètre quatre-vingts au-dessous de la maison pouvaient constituer le corps du délit.

Avec un fragment d'os

Grossis par des pluies diluviennes, les cours d'eau de Californie sortaient de leurs lits. Une vieille Volkswagen rouillée, cachée par les broussailles dans une gorge, fut soulevée par les flots et déposée en évidence près d'une route. Lorsque la police trouva la voiture, la portière avant gauche était ouverte mais personne ne se trouvait à l'intérieur. La plaque d'immatriculation permit toutefois d'identifier le propriétaire du véhicule : un homme porté disparu depuis plusieurs années et présumé mort.

Les policiers étaient perplexes. S'agissait-il d'un authentique accident mortel ? Le conducteur avait-il tenté de changer d'identité et conçu cette mise en scène pour percevoir, par exemple, des indemnisations de compagnies d'assurances ?

Des fouilles furent entreprises dans la gorge mais ne permirent de retrouver qu'un fragment d'os. La police nous l'apporta et nous reconnûmes aussitôt un morceau de clavicule humaine. Quelqu'un était bien mort dans cette gorge. Mais comment démontrer à partir d'un morceau de clavicule qu'il s'agissait effectivement du propriétaire de la Volkswagen ?

Une idée me vint : les radios pulmonaires. Elles comportent toujours, dans le haut du cliché, une partie de la clavicule du patient. Nous demandâmes à la femme du disparu si son mari avait subi des radios des poumons. Elle nous répondit par l'affirmative et, très vite, les clichés arrivèrent à l'Institut médicolégal.

Je fis appel à l'un de nos consultants en radiologie, le Dr Isaac Saunders. Je lui demandai s'il était possible de prendre des radios du fragment de clavicule et de les comparer avec les clichés anciens. Un problème se posait. Il fallait reproduire la pression exercée sur les os par les muscles et les tissus de l'épaule pour reconstituer la forme primitive de l'os dans l'organisme vivant.

Le Dr Saunders réfléchit longuement à la question puis imagina qu'à l'aide d'une poche pleine d'eau placée sur le morceau de clavicule, on pourrait recréer la déformation causée par les tissus. Il réalisa son expérience : le fragment d'os retrouvé dans la gorge et ainsi radiographié était identique à la partie correspondante de la clavicule figurant sur le cliché que nous avait remis la femme du disparu. À partir d'un simple fragment d'os, le Dr Isaac Saunders avait réussi à identifier un homme.

Cette révélation confirmait la mort du propriétaire de la Volkswagen. Elle résolvait du même coup les problèmes que la veuve pouvait avoir avec les compagnies d'assurances soupçonnant une mystification puisque aucun cadavre n'avait été retrouvé dans la voiture.

Meurtre « sans traces »

L'un des meurtriers les plus ingénieux qu'il me fut donné de confondre était un homme qui, non content de préparer ses homicides avec une remarquable minutie, les exécutait de telle sorte qu'il ne restait aucune trace de mauvais traitements, d'utilisation d'une arme, de poison, de marques sur le corps et, particularité encore plus rare, aucun indice suspect dans les organes et dans le sang de ses victimes.

Le premier acte de ce crime commence par un accident de voiture à Long Beach, accident prémédité par le tueur. Son neveu, qui se trouve à ses côtés, est projeté contre le pare-brise et subit des entailles au cuir chevelu ainsi que des blessures à la poitrine. Le meurtrier lui-même est blessé.

L'acte II se déroule dans une chambre d'hôpital où le neveu, pansé et allongé dans son lit, ne soupçonnant absolument rien, se laisse consoler par son bon oncle. L'infirmière qui passe plusieurs fois dans la chambre ne note rien d'anormal. L'homme lui semble simplement assez peu touché par la douleur qu'éprouve son neveu.

Le dénouement du drame a lieu au cours de l'acte III, plusieurs heures après que l'oncle a quitté l'hôpital. Une infirmière entre dans la chambre du neveu et constate qu'il a sombré dans le coma. C'est difficile à croire. Le jeune homme n'avait que des blessures légères. Les radiographies n'ont rien fait apparaître d'inquiétant. Les médecins le conduisent d'urgence en salle d'opération et pratiquent un petit trou dans la boîte crânienne. Pas de trace de sang dans la région subdurale, entre le crâne et le cerveau, il n'y a donc pas de lésion cérébrale. Des efforts considérables sont déployés pour tenter d'arracher le jeune homme à la mort, sans succès. Prévenu par l'hôpital, le malheureux oncle vient voir la dépouille de son neveu et, accablé de douleur, éclate en sanglots.

Le lendemain matin, coup de fil à mon bureau. Au téléphone, un sergent de la brigade criminelle.

– Une affaire pas ordinaire, docteur Noguchi, m'annonça-t-il.

– De quoi s'agit-il?

Le sergent m'expliqua les circonstances de l'affaire puis me dit que les médecins de l'hôpital penchaient fortement pour la thèse de l'homicide. Selon eux, puisque leur examen n'avait fait apparaître aucune lésion cérébrale, le jeune homme ne pouvait avoir sombré dans le coma sans «aide» extérieure. Ils soupçonnaient l'oncle de lui avoir injecté une drogue quelconque mais n'avaient relevé aucune trace de piqûre récente sur le corps.

– Voilà, conclut-il, nous ne sommes même pas sûrs qu'il y a bien eu meurtre, mais on nous a dit que l'homme allait toucher l'assurance-vie de son neveu.

Je pris en main l'enquête médico-légal et procédai à l'autopsie du neveu en recherchant soigneusement toute trace de piqûre sur le corps. Mais, comme me l'avait dit le sergent, il n'y avait rien. Le rapport du laboratoire de toxicologie ne faisait apparaître aucune trace de drogue ou de poison. S'il s'agissait réellement d'un meurtre, je me demandais comment l'oncle avait bien pu l'accomplir. Pour moi, c'était le mystère le plus total.

Entre-temps, la police était entrée en contact avec le FBI et avait appris qu'un autre parent de l'homme, ayant contracté une assurance sur la vie en sa faveur, était mort dans un autre État dans des circonstances analogues: d'abord l'accident de voiture, puis la visite à l'hôpital, puis le coma. Cela ne pouvait être une coïncidence. La police était maintenant convaincue qu'il s'agissait bel et bien d'un meurtre. Mais comment le démontrer puisqu'il n'y avait pas le moindre commencement de preuve?

Je n'étais pas persuadé que ce serait bien utile, mais pour tenter de trouver des indices, je décidai de reconstituer la visite de l'homme à son neveu dans la chambre d'hôpital. La police soupçonnant un crime, rien n'avait été déplacé ni même touché dans la pièce. Je réunis les infirmières et l'interne de garde le jour du drame et je dis à l'un de mes collaborateurs:

– Vous prenez la place du neveu. Allongez-vous, s'il vous plaît.

Ensuite, je me tournai vers le médecin.

– Vous, vous jouez le rôle de l'oncle. Où était-il assis?

L'interne approcha une chaise du côté droit du lit et s'installa. Je vis immédiatement que l'oncle n'aurait pas pu s'approcher du neveu en raison des appareillages médicaux utilisés pour l'alimenter sous perfusion. À partir de l'endroit où l'homme était assis, il lui était difficile, sinon impossible, de faire une piqûre au blessé. Je n'avais pas beaucoup avancé. Ma reconstitution de la scène n'avait pour effet que d'innocenter l'oncle.

C'est alors que j'allai me placer près de la porte pour avoir une vision plus large du lit et de son entourage. Et l'éclair se fit.

– Il n'a pas fait de piqûre à son neveu! m'exclamai-je. Il a injecté son produit dans le liquide de la perfusion.

Nous emportâmes le tube à perfusion avec nous et l'examinâmes au microscope. L'examen fit apparaître la trace d'une piqûre. Donc un produit avait bien été injecté au neveu par l'intermédiaire du goutte-à-goutte. Mais lequel? Les analyses n'avaient mis en évidence aucun poison.

C'est uniquement lorsque l'enquête de police révéla que l'oncle du défunt avait travaillé dans un hôpital psychiatrique de Los Angeles et y avait administré des doses d'insuline aux malades, que nous sûmes ce qu'il fallait rechercher.

L'insuline, une hormone naturellement présente dans l'organisme, a pour fonction de réguler la glycémie. L'insuline injectée par piqûre, essentiellement dans le traitement du diabète, est tirée du pancréas de porc. Mais, lorsqu'elle a pénétré dans le corps, il est impossible de la différencier de l'insuline d'origine humaine.

Il existe, en revanche, des moyens permettant de la détecter. Une quantité anormalement faible de sucre dans la moelle épinière révèle une surabondance d'insuline dans le corps. Je procédai à un prélèvement médullaire et l'analyse fit apparaître 10 milligrammes de sucre, alors que la quantité normale est de l'ordre de 80 à 100 milligrammes.

Je mis ensuite en œuvre un test élaboré par un professeur d'une université locale. (De l'insuline de porc est injectée à un lapin qui, par réaction, élabore des anticorps. Le sérum contenant ces anticorps est «marqué» au moyen d'isotopes radioactifs qui, lorsqu'ils sont introduits dans le sang, se combinent à l'insuline et permettent de déceler sa présence.) Le résultat du test réalisé sur le neveu permit de mettre en évidence 800 unités d'insuline dans le sang, ce qui dépasse de très loin la normale.

Ces révélations furent suffisantes pour que l'oncle soit traduit en justice et convaincu de meurtre. Lors du procès, toutefois, seules les preuves concernant le meurtre du neveu furent admises. Mais, en énonçant le verdict, le District Attorney parvint à mentionner les traces de six autres meurtres que l'homme avait commis dans différents

États. Il avait simplement fait une erreur en commettant son septième crime à Los Angeles.

Qui a abattu le conducteur?

Une nuit, dans les montagnes de San Gabriel, une voiture quitta la route, dévala une pente, rebondit contre un arbre et finit par s'arrêter, encastrée dans un autre arbre. À la clarté blafarde de la lune, on pouvait voir la tête du conducteur effondrée au-dessus du volant. Du trou laissé par une balle dans sa tempe gauche, s'échappait un filet de sang.

J'arrivai sur les lieux juste au moment où le corps était déposé sur une civière en vue de son transport vers l'Institut médico-légal.

– C'était sûrement un tireur embusqué, me dit un adjoint du shérif. On voit de plus en plus souvent de ces dingues qui font des cartons sur les voitures.

Mais l'un de ses collègues avait un point de vue différent :

– Non, ces types-là sévissent plutôt sur les voies à grande circulation. Pour moi, c'est un meurtre prémédité. Il avait sûrement un passager, qui l'a abattu dans la voiture pendant qu'elle était garée en bordure de route, et il l'a ensuite poussée pardessus le talus.

J'examinai le corps allongé sur la civière.

– Ce n'était pas un tireur embusqué, dis-je. Et je doute que ce soit un meurtre. À mon sens, il s'agit d'un suicide.

Les deux hommes tournèrent vers moi des yeux stupéfaits.

– Il y a des traces de poudre sur la tempe gauche, expliquai-je. Cela indique que le coup a été tiré à bout portant. La théorie du tireur embusqué s'écroule.

– D'accord, mais ça n'élimine pas la possibilité d'un meurtre, observa l'un des policiers.

– J'en doute, persistai-je. Si le meurtrier avait été dans la voiture, il aurait fallu que ce soit un habile contorsionniste pour abattre cet homme d'une balle dans la tempe gauche. Certes, je ne peux pas affirmer qu'il n'a pas été abattu à bout portant par la fenêtre de la voiture. Mais je pense qu'il s'est tué lui-même. Ensuite, quand son véhicule a basculé dans le ravin, soit il a laissé l'arme tomber par la fenêtre dans un geste réflexe, soit elle lui a échappé des mains en raison du recul.

Je vis le scepticisme grandir dans le regard des policiers. Il leur semblait impensable qu'un homme veuille réussir son suicide au point de se tirer une balle dans la tête pendant qu'il conduisait sa voiture.

– Il y a un moyen de vérifier, proposai-je. Fouillez donc le versant de la montagne à proximité des traces de pneus. Je pense que vous trouverez l'arme.

Non sans réticence, les deux shérifs adjoints entamèrent leurs recherches. Ils trouvèrent un pistolet dans les fourrés, juste en contrebas de la route. Les empreintes digitales relevées sur la crosse étaient celles du mort. Le conducteur s'était suicidé.

L'heure de la mort

Un jour, un petit garçon disparut du domicile de ses parents. Cinq semaines plus tard, son cadavre fut retrouvé, fourré dans une consigne automatique. L'état de décomposition du corps indiquait que l'enfant était mort depuis longtemps. Mais depuis combien de temps exactement?

Or l'heure de la mort allait revêtir une importance capitale car le suspect numéro un se trouvait à son domicile trois heures après la disparition de l'enfant et n'avait pas été perdu de vue jusqu'au moment de la découverte du corps. Il avait même participé aux recherches. Malgré les soupçons fondés qui pesaient sur lui, le District Attorney ne pouvait le poursuivre par manque de preuves. Il fit donc appel à ma collaboration.

En examinant le corps, je vis un grand nombre de vers à différents stades de développement. L'entomologie nous montre que la mouche bleue, ou calliphora, famille à laquelle appartiennent ces vers, subit une métamorphose complète de l'état larvaire jusqu'à sa forme définitive d'insecte. Je savais également que cette métamorphose se déroulait dans un laps de temps très précis qui, d'après le stade de développement des vers présents dans le corps de l'enfant, pouvait me permettre de déterminer le moment de la mort.

Pendant plusieurs semaines, mes collaborateurs durent penser que je venais de me découvrir un nouveau «hobby». J'entendis même l'un d'eux faire une réflexion, se demandant quelle mouche m'avait piqué. En effet, j'avais fait venir au laboratoire une multitude de mouches bleues de différentes générations et j'étudiais les phases de leur développement. En fin de compte, mes efforts furent couronnés de succès. En reproduisant les conditions auxquelles avait été soumis le cadavre de l'enfant, je pus déterminer l'âge exact des vers retrouvés dans son corps. À partir de là, je pus établir l'heure de sa mort. Elle avait eu lieu dans les trois heures suivant sa disparition. Le suspect numéro un pouvait très bien être l'auteur du meurtre. Le District Attorney le fit traduire en justice et obtint sa condamnation.

Le sang et le sexe

Le 19 décembre 1972, l'inspecteur John Rogan, des services de police de New York, et son collègue George Merrihue examinèrent un cadavre dans un appartement du Bronx. La victime, Minnie Goldfaden, gisait sur le sol de sa salle de séjour. Des marques autour de son cou indiquaient qu'elle avait été tuée par strangulation.

Edward Goldfaden, trente-sept ans, fils de la victime, conduisit les inspecteurs dans la cuisine et leur montra un emplacement où le revêtement de linoléum avait été déchiré.

– C'était là qu'elle cachait son argent, dit-il. Tout a disparu.

– Qui connaissait cette cachette?

– Moi et mon frère Leonard. Personne d'autre.

Les enquêteurs notèrent que la fermeture de sécurité à trois points n'avait subi aucun dégât. Visiblement, il n'y avait pas eu effraction. Donc la victime avait ouvert la porte à son meurtrier qui, selon les policiers, ne pouvait être que Leonard ou Edward Goldfaden.

Ils allaient quitter les lieux pour partir interroger Leonard lorsque Rogan aperçut un objet, près du pied droit de la morte. Il se baissa et ramassa un bouton de cuir noir qu'il plaça dans une enveloppe et emporta avec lui.

Leonard Goldfaden était un homme d'une petite trentaine d'années. Pendant que son collègue et lui l'interrogeaient, Rogan remarqua dans l'appartement un manteau de cuir noir posé sur un divan. Un bouton manquait à la manche droite du vêtement.

Leonard et son manteau se retrouvèrent au poste de police. Le laboratoire du service médico-légal de la police examina le vêtement au microscope et découvrit de petites traces de sang séché sur le revers. Il y avait également du sang sur le bouton.

Questionné, Leonard Goldfaden répondit aux policiers que le sang retrouvé sur son manteau provenait d'une bagarre dans un café. Il fut placé en détention préventive. Mais quelques jours plus tard, les inspecteurs reçurent un rude coup.

L'institut médico-légal de New York leur faisait savoir que le bouton trouvé sur les lieux du meurtre et ceux du manteau étaient identiques mais que ses laboratoires étaient incapables d'analyser le sang séché du bouton pour déterminer si c'était le même que celui du manteau. Leonard Goldfaden fut libéré sous caution pour manque de preuves.

Mais les inspecteurs n'étaient pas décidés à s'arrêter là. Rogan prit tous les contacts possibles, y compris avec des scientifiques ayant reçu le prix Nobel, me confia-t-il par la suite. Il pensait que quelqu'un quelque part devait parvenir à analyser le sang du bouton et à le comparer à celui du manteau. Mario Merola, District Attorney du Bronx, avait entendu parler de mes recherches sur un procédé permettant de reconstituer le sang à partir d'une tache et de déterminer le sexe de la victime d'après le sang ainsi reconstitué. Il me contacta et j'acceptai d'apporter mon concours aux recherches. Rogan prit l'avion pour Los Angeles avec le manteau et le bouton, et je me mis au travail dans nos laboratoires.

Je commençai par reconstituer le sang séché trouvé sur le bouton en le combinant à une solution à 20 % d'acide acétique, selon un procédé nouveau mis au point par le Dr Hideo Ishizu, de l'université d'Okayama. Ensuite, avec la collaboration du Dr Omar Alfi, un cytogénéticien, je mis en œuvre un procédé plus traditionnel faisant intervenir un examen au microscope à rayons ultraviolets d'un échantillon de sang spécialement coloré pour déterminer le sexe. Les globules masculins contiennent un chromosome XY alors que les globules féminins en contiennent un XX. Le colorant que j'employais se fixait à l'élément Y du chromosome masculin, permettant ainsi de l'identifier. Il n'avait pas d'effet sur le chromosome féminin.

Il me fut ainsi possible de conclure que le sang retrouvé sur le manteau de Leonard Goldfaden et sur le bouton était de même type. Mais, point encore plus intéressant, je découvris aussi que le sang était du groupe O et appartenait à une femme. Or Leonard Goldfaden avait déclaré à la police que le sang trouvé sur le revers de son manteau provenait d'une bagarre avec un individu de sexe masculin.

Leonard Goldfaden fut traduit en justice. Je témoignai devant la cour, déclarant que le résultat de mes recherches scientifiques permettait de penser que Leonard Goldfaden était impliqué dans le meurtre d'une femme, sa mère. Ce fut la première fois qu'un tel élément de preuve était admis dans un procès aux États-Unis. Leonard Goldfaden fut condamné mais, quelque temps plus tard, le verdict fut rejeté par une cour d'appel sous prétexte que le procédé scientifique que j'avais utilisé était trop «nouveau».

Je reste toutefois convaincu que la reconstitution des taches de sang séché et la détermination du sexe à partir du sang seront un jour reconnues comme un instrument de la médecine légale permettant de confondre et de faire condamner les meurtriers.

Un jeu très dangereux

Albert Dekker était un acteur subtil qui incarna des rôles d'Européens raffinés dans plus d'une douzaine de films. Mais, pour les fanatiques des films d'horreur, il était plus connu pour son personnage du Dr Cyclops, un savant fou qui réduisait la taille de ses victimes à quelques centimètres.

Un matin, le téléphone retentit dans mon bureau. Un inspecteur de la police de Los Angeles m'informa qu'Albert Dekker venait de se suicider. Je me rendis immédiatement au foyer des acteurs de Hollywood. Le tableau que je découvris dans la salle de bains était tout à fait inattendu. Dekker s'était pendu d'une façon pour le moins inhabituelle. Des mots grossiers étaient écrits au rouge à lèvres sur la glace murale ainsi que sur sa poitrine. Il était à demi suspendu par une corde croisée en huit autour de son cou puis de son corps, jetée par-dessus une poutre surmontant la baignoire et attachée à ses poignets.

À mes yeux, la serviette de toilette placée entre sa gorge et le tronçon de corde qui lui enserrait le cou indiquait qu'il ne s'agissait nullement d'un suicide. Je vis ensuite que Dekker avait dû contrôler sa «pendaison» car, si ses mains paraissaient liées, la corde était fixée de telle manière qu'il pouvait les libérer. Ce que l'acteur avait conçu était en fait un système de poulie grâce auquel il pouvait accroître la pression de la corde sur son cou et la réduire à volonté. Mais il était clair que quelque chose n'avait pas fonctionné comme prévu dans son installation.

Le corps de Dekker fut transporté à l'Institut médico-légal et l'autopsie révéla effectivement que l'origine de sa mort était la pendaison. Mais les observations faites sur les lieux du drame me conduisaient à penser que Dekker ne s'était pas suicidé. Il avait succombé à un étouffement accidentel.

Que faisait donc Dekker? Des morts identiques, auxquelles j'avais été confronté par le passé, me permettaient de formuler une hypothèse qui, j'en étais presque convaincu, allait se révéler exacte. Mais, afin de confirmer ma théorie, je fis appel à un expert-conseil auquel je demandai de rassembler les éléments d'une autopsie psychologique. Amis et collaborateurs de l'acteur furent interrogés sur sa façon de vivre car nous pensions fortement que Dekker était en train de s'adonner au jeu sexuel le plus dangereux du monde.

Cet étrange rituel est connu des psychologues sous le nom d'asphyxie auto-érotique. Schématiquement, il s'agit de se pendre soi-même pour éprouver l'ultime frisson sexuel. Mais les adeptes de cette pratique n'ont pas du tout l'intention d'y laisser leur vie. Au contraire, ils espèrent atteindre ce qu'ils considèrent comme l'expérience sexuelle la plus sublime: obtenir un orgasme en frôlant la mort. Dans la plupart des cas, ils se passent des menottes aux mains ou se les ligotent, comme l'avait fait Dekker. Parfois, ils se couvrent le visage à l'aide de bandeaux ou de cagoules. Certains même mettent des vêtements féminins.

Le Dr Joe Rupp, médecin légiste-chef de Corpus Christi, au Texas, est un expert en matière de morts causées par les activités sexuelles. Il a longuement décrit l'asphyxie auto-érotique dans des articles d'information et, pour montrer que cette pratique ne date pas d'aujourd'hui, il a reproduit dans l'un d'eux un extrait de *Justine*, écrit en 1791 par le marquis de Sade :

> Nous prenons nos positions ; Roland est stimulé par quelques-unes de ses caresses habituelles ; il grimpe sur le tabouret, je lui passe la longe au cou… Mon Dieu, il me fait lui-même signe d'enlever le tabouret ; j'obéis, le croiriez-vous, Madame ? Rien n'est plus vrai que ce que Roland avait prévu ; seuls les symptômes du plaisir illuminent son visage… Je me précipite pour trancher la longe, il tombe, inconscient, mais grâce à mes offices, il recouvre rapidement ses sens.
> « Oh Thérèse ! s'exclame-t-il, les yeux à peine ouverts. Oh, ces sensations ne peuvent être décrites ; elles dépassent tout ce que parole peut exprimer ; qu'ils fassent maintenant ce qu'ils veulent de moi, je me dresserai sans fléchir face à l'épée de Thémis ! »

Le Dr Joe Rupp déclarait également que cette pratique était incroyablement répandue. « Des milliers d'individus, écrit-il, viennent à s'y adonner indépendamment les uns des autres. Elle représente un aspect encore inexploré, pratiquement inconnu, du comportement humain.»

Selon toutes les apparences, Albert Dekker trouva la mort en jouant à ce jeu dangereux. D'ordinaire, je répugne à révéler de telles «curiosités» liées aux comportements sexuels. Mais puisque, simplement à Los Angeles, entre vingt et trente décès par an sont imputables à l'asphyxie auto-érotique et que cette pratique semble presque complètement inconnue, j'estime souhaitable d'avertir l'opinion des dangers qu'elle présente. La seule chose regrettable étant, à mon sens, que contrairement à l'épisode de *Justine*, ses adeptes s'y livrent seuls et dans le secret. C'est pourquoi, lorsqu'un incident imprévu se produit, au lieu de l'ultime frisson, le résultat peut être la mort.

Le jour où les morts sortirent de leurs tombes

Ce matin-là, une pluie torrentielle s'abattait sur le cimetière à flanc de colline surplombant la localité de Verdugo Hills. L'orage durait depuis des jours et, depuis des jours, l'eau ruisselait, s'infiltrait dans la terre meuble par les trous et les réseaux de galeries creusés par les taupes. Brusquement, tout le flanc de la colline s'ébranla et fut emporté avec ses sépultures par un glissement de terrain.

Plus d'une centaine de cercueils pourris contenant autant de cadavres déferlèrent vers la ville, portés par une coulée de boue. En quelques minutes, cercueils et corps s'abattirent sur la localité, fracassant fenêtres, vitrines et pénétrant dans les magasins et les habitations. Un corps vint même se coincer à l'entrée d'un supermarché.

Et personne ne savait que faire. Tandis que les habitants de Verdugo Hills se trouvaient confrontés à des centaines de macabres envahisseurs, les divers services administratifs de Los Angeles se rejetaient l'honneur d'intervenir (et de dépenser leurs fonds) pour remettre de l'ordre dans la situation.

J'entendis parler de l'incident quelques heures après qu'il se fut produit et je fus dérouté par le problème juridictionnel qu'il posait. Une chose était certaine : rien dans les statuts juridiques de mes services n'exigeait de nous d'aller prendre en charge des corps enterrés depuis des années. Nous étions censés découvrir pourquoi les gens mouraient et non pourquoi ils sortaient de leurs tombes. Mais une autre heure s'écoula et j'appris que les cadavres se trouvaient toujours dans les rues et les maisons de Verdugo Hills. Je décidai de passer à l'action et de voir ensuite pour ce qui était des questions de légalité.

Je me rendis à Verdugo Hills accompagné de mon équipe. La scène que j'y découvris ne s'effacera jamais de ma mémoire. La boue avait éparpillé les corps partout. Certains se trouvaient debout, dressés dans des positions grotesques. Et la pluie continuait de tomber. Une véritable rivière dévalait la colline. On me dit qu'un autre glissement de terrain risquait de se produire et que mon équipe courait un danger. Mais cet état de choses ne pouvait plus durer et nous nous mîmes immédiatement à rassembler les cadavres.

À ce moment, d'autres services municipaux avaient décidé que, si le service du coroner entreprenait une action sans mandat légal, ils pouvaient peut-être faire de même. Un bâtiment fut vite trouvé pour héberger les morts et nous commençâmes le travail d'identification. La plupart des corps, certains inhumés depuis des dizaines d'années, n'étaient pas réduits à l'état de squelettes comme beaucoup auraient pu s'y attendre. La peau avait disparu mais les muscles et les tissus s'étaient conservés. Selon le processus d'adipocire, la graisse entourant les corps s'était transformée en un produit semblable à du savon. Les dépôts de sels et les champignons qui les avaient recouverts pendant leur séjour sous terre leur avait donné une coloration blanc verdâtre.

Grâce aux nécrologies du cimetière et aux plaques encore visibles sur les cercueils, le travail d'identification fut moins compliqué que lors d'un accident d'avion. Nous commençâmes par séparer les hommes des femmes, puis les morts récents des morts anciens. Ensuite, nous consultâmes les listes pour connaître la taille et l'âge des défunts. Des objets, des vêtements nous aidèrent parfois à identifier telle ou telle dépouille. Lorsque le déluge cessa, nous étions en mesure de reconduire les corps au cimetière pour qu'ils y soient réensevelis.

J'ignore si les habitants de Verdugo Hills se sont remis du choc provoqué par cette invasion de morts. Et, en toute honnêteté, je ne pourrais pas jurer que chaque défunt a été correctement identifié et réinhumé sous son vrai nom. Mais nous avions fait tout notre possible en ce jour où les morts étaient sortis de leurs tombes.

12

AFFAIRE MÉDICO-LÉGALE N° 81-14582

William Holden

La période 1972-1981 fut une période faste pour la science médico-légale. Dans tout le pays, les services de médecine légale acquirent prestige et importance. Et le bien-fondé de notre travail fut reconnu sur plusieurs plans, allant de la protection de l'environnement à la lutte contre le crime.

Mais, lentement, silencieusement, un problème commençait à voir le jour. Il se dessina à la fin des années soixante-dix lorsque les citoyens de Californie votèrent unanimement la Proposition 13, cette fameuse «révolte des contribuables» contre le coût sans cesse croissant des services publics. À compter de cette date, mon service, comme les autres, ne put pratiquement pas obtenir d'augmentations de crédits. Malheureusement, cet état de fait n'empêchait pas les morts inexpliquées de se multiplier à Los Angeles. Chaque année, il apparaissait plus clairement que la brigade médico-légale ne pouvait pas faire face à l'accroissement de la masse de travail. Une fois de plus, je me trouvai en situation conflictuelle avec le conseil d'administration du comté. C'est alors que la mort de William Holden survint et me posa un problème tout particulier.

Dans un premier temps, il sembla qu'il s'agissait d'un meurtre. Le 16 novembre 1981, William Holden fut retrouvé gisant près de son lit dans son luxueux appartement de Santa Monica avec vue sur l'océan Pacifique. Il avait une profonde entaille au front. Le sang de sa blessure avait pratiquement saturé les draps et le tapis. Mais la porte de son appartement était restée verrouillée et rien n'avait été volé. La police était perplexe. Elle fit savoir à la presse que William Holden était mort de mort naturelle mais envoya le corps à l'Institut médico-légal à fin d'autopsie.

C'est avec consternation que je supervisai cette autopsie. William Holden avait été l'un des acteurs de cinéma que j'admirais le plus. Né William Franklin Beedle Jr. le 17 avril 1918, à O'Fallon, dans l'Illinois, il était fils d'un chimiste qui, alors qu'il était encore enfant, alla s'installer à Pasadena, en Californie. Étudiant au collège universitaire de Pasadena, il joua dans plusieurs pièces radio-diffusées et attira l'attention d'un chasseur de talents qui lui obtint un petit rôle dans un film intitulé *Folies olympiques*. Il n'avait que vingt et un ans. Il prit le nom de Holden et, un an plus tard, était déjà une grande vedette. Sa prestation dans *L'Esclave aux mains d'or*, face à Barbara Stanwick, lui valut une renommée internationale.

Il allait ensuite jouer dans plus de cinquante films. Pendant la guerre, il s'engagea dans l'aviation. Lorsqu'il revint à Hollywood, ce fut pour y recevoir un Oscar pour son rôle dans *Stalag 17*, en 1953, puis pour *Boulevard du Crépuscule* et *Main basse sur la TV*.

Les titres de certains de ses autres films peuvent être mentionnés comme faisant partie des annales de

Hollywood : *Notre village, La Lune était bleue, Une fille de la province, Picnic*, etc. De tous les films auxquels il avait apporté son concours, mon préféré était *Le Pont de la rivière Kwaï*. Pour moi, Holden incarnait l'homme américain de la génération de la guerre. Je trouvai tout à fait absurde que l'on pût m'accuser d'avoir voulu le dénigrer après sa mort. La vérité était que je respectais William Holden. Mais c'est d'une autre vérité, impliquée dans sa mort, qu'avait surgi le problème.

***

Plusieurs questions se formèrent dans mon esprit tandis que je dirigeais les recherches concernant la mort de l'acteur, y compris pendant l'autopsie. Sa blessure au front pénétrait jusqu'au crâne et mesurait 6,35 centimètres de long. Comment pareille blessure avait-elle pu se produire ? La rigidité cadavérique, l'état du corps, sa température, la décomposition, les yeux opaques, la couleur verdâtre de l'abdomen indiquaient qu'il était mort depuis au moins quatre jours quand on l'avait découvert. Comment un acteur mondialement célèbre, avec autant d'amis et de relations de travail, avait-il pu rester ainsi quatre jours dans son appartement avant d'être découvert ? Mais ne tenais-je pas là un indice permettant peut-être d'expliquer les causes de sa mort ?

Plus tard, de retour dans mon bureau, je reçus le rapport toxicologique et fus étonné par un résultat. Au moment de sa mort, Holden avait un taux d'alcoolémie de 2,2 grammes. L'alcool avait-elle eu une quelconque importance dans sa mort ? J'appelai Charles Wilson, chef de la brigade criminelle de Santa Monica et lui demandai s'il voulait me rejoindre pour visiter l'appartement de William Holden.

Son appartement dans la luxueuse copropriété de la tour Bay Shores semblait vouloir reproduire le décor de son film *La Colline de l'adieu*, tourné à Hong Kong. Toutes les pièces du mobilier étaient chinoises. Holden avait un goût exquis pour la décoration intérieure. Il semblait également avoir été un homme exceptionnellement soigneux. Rien n'était dérangé dans son appartement, à l'exception de la chambre où il était mort.

Charles Wilson avait amené un inspecteur avec lui. Les deux hommes me dirent que, d'après eux, le meurtre semblait hors de question.

– Pas d'armes, dit Wilson. Et nous avons relevé les empreintes dans tout l'appartement. Il n'y avait que celles de Holden.

Je visitai la chambre à coucher. La superbe descente de lit coquille d'œuf ornée de motifs bleus était ratatinée près du lit. Un homme apparemment aussi méticuleux n'avait pas dû faire cela volontairement. Avait-il glissé sur le tapis?

– Où était-il allongé? demandai-je.

– Près du lit, me répondit Wilson. À l'endroit où se trouve le tapis.

Sur le lit, je vis plusieurs Kleenex imprégnés de sang séché. J'en dénombrai huit.

La table près du lit était de travers, encore une fausse note dans cet appartement impeccable. Elle avait dû être bousculée contre le mur. En regardant de plus près, je vis que le mur était entamé à l'endroit où l'angle du meuble l'avait heurté. Je demandai à l'inspecteur de soulever la lourde table de teck. Il n'y parvint pas. Je voulais me faire une idée de son poids car cela me donnerait des indications sur la force nécessaire pour la déplacer.

Dans la cuisine, nous trouvâmes une bouteille de vodka vide dans la poubelle et une autre bouteille entamée sur une table. Je supposai que le contenu de ces bouteilles était pour quelque chose dans le taux d'alcoolémie de 2,2 grammes.

D'après les indices observés dans l'appartement, je déduisis la façon dont William Holden était mort. Pris de boisson, il avait trébuché sur le tapis et perdu l'équilibre vers l'avant. Son front avait percuté le coin de la table proche du lit avec une telle violence que le meuble avait été précipité contre le mur. Sa mort était un accident mais ce qui la rendait encore plus pathétique – et insensée – à mes yeux était le fait que l'acteur n'avait pas perdu connaissance. Il avait, au contraire, ouvert le tiroir de la table, où se trouvait la boîte de Kleenex, y avait prélevé quelques mouchoirs et avait essayé d'éponger le sang coulant de sa blessure. Il avait eu le temps d'en utiliser huit l'un après l'autre.

Dans la salle d'autopsie, en évaluant la quantité de sang perdue, j'avais estimé que Holden avait survécu au moins une demi-heure avant de perdre connaissance. Et, durant ce laps de temps, je supposais que l'alcool avait joué son rôle habituel, l'empêchant de réagir de façon adaptée face à l'urgence de la situation.

À jeun, Holden aurait probablement passé un coup de fil pour demander de l'aide, ou serait allé frapper chez un voisin. Le téléphone se trouvait si près du lieu de l'accident qu'il avait été atteint par quelques gouttes de sang. Mais William Holden s'était allongé sur le lit et y était resté jusqu'à ce que la perte de sang lui fasse perdre connaissance.

Mais d'autres questions me tourmentaient encore. Pourquoi, pendant quatre jours, personne ne s'était-il rendu compte de sa disparition ? Une femme que je connaissais, Shirley Goldinger, directrice du bureau de la consommation de Los Angeles, m'apporta une possibilité de réponse. Holden était un homme très pointilleux sur le respect de son intimité. Elle habitait depuis six ans au même étage que lui et le seul signe qu'il lui eût jamais adressé était un petit salut de la tête.

Les journaux allaient par la suite mettre l'accent d'une manière différente sur cette volonté de préserver sa vie privée. Durant toute son existence, William Holden avait refusé lors des interviews de parler de ses idées politiques, de sa famille ou de son mode de vie.

Une personne aussi réservée, pensai-je, avait dû hésiter avant d'appeler à l'aide. Mais il existait probablement un autre facteur expliquant la mort de Holden et la raison pour laquelle personne ne s'était inquiété de ne pas le voir apparaître pendant quatre jours. À n'en pas douter, l'entourage professionnel de Holden, ainsi que ses amis, respectaient son désir de solitude, ne l'ennuyaient jamais et ne lui posaient jamais de questions.

Bill Martin, le syndic de la tour Bay Shores, avait découvert le corps. Sur ma requête il monta nous rejoindre dans l'appartement de Holden et me dit :

– Évidemment que nous nous inquiétions. Il y avait des jours qu'il était là-dedans et pas une fois il n'avait mis le nez dehors.

– Combien de temps exactement?

– Je ne pourrais pas le dire à coup sûr, mais certainement plus d'une semaine. Je commençais à me faire du souci, aussi ai-je inventé un petit jeu.

– Un petit jeu? fis-je, étonné.

– Oui. Je suis allé frapper à sa porte et lui ai dit qu'il y avait un problème dans son circuit électrique. Il m'a fait entrer et je suis allé bricoler une lampe, ce qui m'a permis de vérifier qu'il allait bien.

– Qu'avez-vous remarqué?

– Eh bien, je me doutais un peu qu'il buvait, mais il avait l'air bien. Quelques jours plus tard, voyant qu'il n'était toujours pas sorti, je suis remonté.

Sur le palier, nous raconta Martin, il s'était senti rassuré en entendant la télévision et s'était dit que tout allait bien pour Holden. Pourtant, l'acteur ne répondant pas aux coups à la porte, il s'était à nouveau inquiété et avait ouvert à l'aide de son passe-partout.

***

William Holden avait succombé à une blessure qui n'aurait pas dû être fatale. Il avait amplement le temps d'appeler à l'aide, et même si les infirmiers l'avaient trouvé inanimé en arrivant chez lui, les moyens médicaux modernes – parmi lesquels la transfusion de sang – auraient permis de le ramener à la vie. Voilà pourquoi la mort de l'acteur me mettait en colère. Selon moi, elle démontrait précisément les terribles dangers de l'alcool qui est, sans l'ombre d'un doute, la drogue la plus appréciée et la plus meurtrière existant en ce monde. Sur quatre personnes autopsiées à Los Angeles, une a été, directement ou indirectement, victime de l'alcool.

La mort de Holden mettait aussi l'accent sur l'un des grands dilemmes auxquels sont confrontés tous les médecins légistes de ce pays. Faut-il divulguer les enseignements que nous tirons de la mort pour aider les vivants ou faut-il cacher les faits pour protéger la famille ou les amis d'une situation gênante ? J'ai toujours pensé que notre mission consistait à dire les choses comme elles sont. Mais, lorsque je le fis dans l'affaire Holden, je constatai rapidement que je m'aventurais en terrain marécageux.

La crise professionnelle qui allait me frapper commença le 18 novembre 1981 avec un article du *Los Angeles Times* présenté sous le gros titre suivant :

> HOLDEN SUCCOMBE À UNE HÉMORRAGIE. D'après le rapport du coroner, l'acteur était ivre et s'est blessé à la tête en faisant une chute.

L'article rapportait ma reconstitution des faits mais ce fut le mot « ivre » qui mit Hollywood en émoi. Il fut mal supporté par les amis de Holden, qui redoublèrent de colère lorsque le *Times* publia sur l'affaire un autre article mettant l'accent sur les problèmes d'alcool de Holden : « LES CIRCONSTANCES DE LA MORT DE HOLDEN TROUBLENT SES AMIS ET SES ADMIRATEURS. » Le sous-titre disait : « Riche et célèbre, et pourtant, seul et ivre. »

Il n'était probablement plus possible d'éviter un retour de manivelle. Un courrier abondant nous accusa, le *Times* et moi-même, d'avoir violé l'intimité de William Holden. Une personnalité comme Daryl F. Gates, chef de la police, écrivait que les deux articles du *Times* se limitaient à présenter un aspect de l'affaire qui faisait apparaître le disparu comme un ivrogne menant une vie de reclus.

Un autre lecteur du *Times*, Theodore Taylor, s'en prenait directement à moi : « La façon indigne dont l'affaire Holden a été exploitée, jusqu'aux détails les plus sordides, montre que le coroner Thomas T. Noguchi semble particulièrement doué pour assurer la publicité de ses services chaque fois qu'une célébrité a la mauvaise idée de mourir ailleurs que dans un lit d'hôpital. »

Mais, quelques jours plus tard, c'était l'autre bord qui faisait entendre sa voix. Ceux qui avaient souffert des excès de l'alcool commençaient eux aussi à écrire. Voici une lettre typique, celle de Stephen Setzer :

> J'en suis aujourd'hui à ma deuxième semaine de cure de désintoxication après quatorze années de vie misérable et déboussolée due à l'alcool. Je ne suis pas d'accord avec les lecteurs qui affirment qu'on n'aurait pas dû parler de l'état d'ivresse de Holden. Je pense, moi, que si cette information a pu servir à pousser ne serait-ce qu'un seul alcoolique à demander de l'aide, cela valait la peine qu'elle soit publiée, et je pense aussi que Holden serait d'accord avec moi.

J'étais pris au milieu d'une controverse, une controverse qui allait encore s'aggraver, quelques jours plus tard, lorsqu'une belle actrice brune allait trouver la mort dans les eaux tourmentées baignant l'île de Catalina. Mon rapport concernant la mort de Natalie Wood souleva une vague de critiques encore plus virulentes et, apparemment, je ne pouvais rien dire ou faire pour me défendre, moi et mes principes. Je songeai avec amertume que si j'avais été un petit médecin légiste perdu dans une ville anonyme, le monde n'aurait jamais eu cet intérêt pour moi et les affaires que je prenais en charge. Mais ce n'était pas le cas. Je travaillais à Los Angeles, une ville connue, où la masse de travail traitée par mes services passait fréquemment inaperçue mais où les gros titres des journaux fleurissaient dès qu'une célébrité venait à mourir et que je commençais une enquête sur sa mort. Maintenant, les sarcasmes du Tout-Hollywood m'avaient fait connaître sous le nom de «coroner des stars». Comme pour confirmer ce surnom, moins de cinq mois après la mort de William Holden et de Natalie Wood, une autre star célèbre allait perdre la vie dans le secteur placé sous ma juridiction.

13

AFFAIRE MÉDICO-LÉGALE N° 82-3036

John Belushi

Il faisait frisquet cette nuit-là sur Sunset Boulevard. Mais les jeunes attendaient patiemment leur tour pour entrer au *Roxy*, un bar rock de Hollywood. L'attraction, en ce 4 mars 1982, n'était pas seulement la musique mais la présence de trois idoles de nombreux jeunes Américains : Robert DeNiro, Robin Williams et John Belushi étaient assis à une longue table près de la scène. D'humeur joyeuse, ils avaient l'air de beaucoup s'amuser.

Belushi était considéré comme un phénomène parmi les comiques pour la façon dont il avait campé, entre autres personnages, celui du « plouc » dans des films destinés à la jeunesse comme *Animal House*. Il décrivit un jour en ces termes le personnage qu'il y avait incarné : « Il dit que c'est bien de déconner. Les gens ne sont pas obligés d'être parfaits. Ils ne sont pas obligés d'être vraiment malins. Ils ne sont pas obligés de respecter les règles établies. Ils ont le droit de rigoler. »

Cette profession de foi, Belushi la suivait au pied de la lettre, ce soir-là.

À 23 h 15, une jeune fille frisée fendit la foule et s'approcha de la table où les trois hommes étaient installés. Cathy

Smith – cela allait être confirmé ultérieurement – apportait la «came». Vers 1 heure du matin, John Belushi sortit du bar, traversa le parking en échangeant des plaisanteries avec une poignée de fans. Le directeur du club était inquiet; il pensait que Belushi avait trop bu pour être en état de conduire. Mais une «amie» proposa de le raccompagner chez lui.

«Chez lui», c'était l'hôtel *Chateau-Marmont*. Belushi occupait le bungalow 3, dans le secteur nord de l'hôtel. Au matin du 5 mars, il fut retrouvé nu, couché en chien de fusil sur le côté droit dans la chambre du bungalow. Il faisait chaud dans la pièce mais il ne transpirait pas. John Belushi, le comique adorable, le «plouc» insouciant, l'idole des jeunes, avait trouvé la mort à l'âge de trente-trois ans.

***

Ce matin-là, je me trouvais dans le bureau de Harry Hufford, administrateur général des services du comté, pour débattre du budget annuel des services de médecine légale. Mais, contrairement à toute attente, je fus brutalement informé que le conseil d'administration s'était réuni et avait décidé que je devais donner ma démission du poste de médecin légiste-chef et coroner, que j'occupais depuis quinze ans. Hufford me fit savoir que, si je partais sans faire de tapage, je serais affecté à un autre service médical avec le même traitement.

– Non, lui répondis-je.

– Mais pourquoi, Tom?

– Pour moi, ce n'est pas un travail, Harry. C'est ma vie!

En quittant le bureau de Hufford, il me semblait que le cauchemar des audiences devant la Commission d'Inspection des Services était en train de se reproduire selon un scénario identique.

J'avais la tête vide en traversant le vaste hall d'entrée du centre administratif du comté. Une femme grisonnante, me voyant passer dit à sa compagne :

– C'est le Dr Noguchi.

Je fis semblant de ne pas l'entendre et me hâtai en direction de la cabine téléphonique située au bout du hall. Tout le monde me connaissait et je savais que cela faisait sans doute partie du problème. L'esprit encore obsédé par la demande de Hufford, je décrochai le combiné et composai le numéro de mon bureau.

– Docteur Noguchi ! s'exclama la voix de Rita O'Connor, ma secrétaire depuis treize ans. John Belushi est mort !

Ma première pensée fut : comme si j'avais besoin de cela ! William Holden, Natalie Wood et maintenant John Belushi. Encore une belle partie en perspective avec les médias si sa mort soulevait une controverse. Mais, rapidement, je réalisai que j'avais encore un travail à faire.

– Où est-ce arrivé ? demandai-je.

– Au *Chateau-Marmont*. Les enquêteurs sont juste en train de partir.

– Très bien, dis-je. Je les rejoins là-bas.

Et je raccrochai.

* * *

Le corps de Belushi avait été retrouvé dans le bungalow par William Wallace, un kinésithérapeute qui y était entré à midi, heure prévue pour un massage. Immédiatement, Wallace avait appelé un détective des services de sécurité de l'hôtel. À eux deux ils avaient déposé Belushi sur le sol et tenté un bouche-à-bouche, sans effet. Alertés d'urgence, les médecins étaient arrivés et avaient utilisé un appareillage électronique portatif pour stimuler le cœur, également sans succès. John Belushi était bel et bien mort.

Lorsque les policiers étaient arrivés sur les lieux, ils n'avaient pas réussi à comprendre ce qui était arrivé au jeune comédien. Le corps ne portait aucune marque et rien dans la pièce ne permettait de penser qu'une bagarre avait eu lieu. Pas d'arme, pas de somnifères, pas de billet d'adieux – courant en cas de suicide –, aucun matériel révélant une prise de drogue. Les journalistes étaient déjà massés à l'extérieur, et un membre des forces de l'ordre leur avait crié que John Belushi avait apparemment été victime d'une crise cardiaque.

Un policier se tenait debout derrière la barrière, interdisant l'accès à l'hôtel et argumentant avec les journalistes qui faisaient tout leur possible pour pénétrer dans l'enceinte.

– Avez-vous quelque chose à déclarer, docteur Noguchi? me demanda-t-on lorsque j'arrivai. Est-ce un meurtre? La police parle d'une crise cardiaque. Qu'en pensez-vous?

Je répondis que je n'en pensais rien pour l'instant et m'engageai dans l'allée qui conduisait au bungalow de John Belushi.

Je commençai à examiner soigneusement les lieux dès mon entrée dans le petit patio qui précédait le bungalow. Le terrain paraissait parfaitement net. Un policier me salua sur le seuil, puis m'introduisit dans le bungalow et me pilota vers la chambre. C'était là que se trouvait le corps, nu, allongé sur le dos, à côté du lit. Immédiatement, une chose me parut étrange. Belushi semblait avoir une petite trentaine d'années. Ce n'était pas un âge pour mourir d'une crise cardiaque.

Les policiers me frayèrent un passage jusqu'au corps et j'en surpris quelques-uns en ne me dirigeant pas immédiatement vers lui. Les autres, qui m'avaient déjà vu à l'œuvre auparavant, connaissaient ma technique et avaient, par amicale plaisanterie, baptisé ces préliminaires le « show Noguchi ». Au lieu de me baisser pour examiner le corps, je levai les yeux pour observer le plafond.

Il s'agissait d'une méthode de travail que je m'efforçais depuis des années d'inculquer aux jeunes enquêteurs : ne pas s'inquiéter pour le corps, il restera où il est (s'il se relève, c'est une autre affaire). Commencer par examiner systématiquement la pièce en partant du plafond. Des indices révélateurs peuvent s'y trouver : impacts de balles, taches de sang, éclats de plâtre.

Je procédai ensuite à une observation systématique des murs et des meubles. Le plafond ne m'avait apporté aucun indice. En revanche, la table de nuit m'offrit un premier embryon de piste. J'y trouvai en effet une substance végétale de couleur verte et du papier à cigarette. Belushi, ou d'autres personnes, avaient fumé de la marijuana dans cette pièce.

Mais la marijuana n'avait jamais tué personne. Je poursuivis mes investigations et découvris un autre détail insolite. À l'autre bout de la chambre, de la poudre blanche avait été renversée sur le devant de la coiffeuse.

Un lieutenant de police en civil me suivit. En examinant la poudre, je pensai qu'il s'agissait de cocaïne mais je ne pouvais en être certain avant l'analyse en laboratoire.

Je questionnai le lieutenant. Il m'apprit que ni seringue ni appareil trahissant l'utilisation de drogues n'avait été retrouvé. Les médecins avaient affirmé que le corps ne portait pas de trace de piqûre. Pour ces raisons, la police avait éliminé la drogue des causes possibles de la mort.

Il y eut des remous lorsque mon équipe arriva à l'entrée du bâtiment. Le Dr Ronald Kornblum, chef de la division médicale, était là. J'attendis que notre photographe ait pris les clichés d'usage et que l'enquêteur ait procédé aux mensurations du corps. Je m'approchai ensuite de la dépouille et l'examinai. Le Dr Kornblum et le lieutenant se joignirent à moi. Je notai une légère décoloration de la peau, un peu au-dessus de l'intérieur du coude droit. Après un moment de réflexion, je me levai et annonçai :

– Je pense que nous sommes en présence d'un cas d'overdose.

Un tollé s'éleva et le lieutenant me rappela qu'on n'avait trouvé ni héroïne, ni seringue, ni matériel habituellement utilisé par les drogués.

– Quelqu'un a dû emporter le matériel, lui répondis-je.

– Mais il n'y a pas de traces de piqûre, intervint un homme de mes services.

– Attendons l'autopsie pour savoir s'il y a ou non des traces de piqûre, commenta un autre de mes hommes.

– Ce n'est pas nécessaire, dis-je à la surprise générale. Nous pourrons peut-être le savoir immédiatement.

M'accroupissant à nouveau près du corps, je saisis le bras droit de Belushi entre mes deux mains et serrai.

Rien ne se passa.

De nouveau, sous les regards intrigués de l'assistance, j'exerçai une pression sur la partie haute du bras. Soudain, de minuscules gouttes de sang apparurent à l'intérieur du coude. Un murmure s'éleva dans la pièce. Une piqûre avait bien été pratiquée dans la peau, ce qui venait appuyer ma théorie : la mort de Belushi semblait liée à la drogue.

Je renouvelai l'opération sur le bras gauche et, là aussi, une gouttelette de sang fit son apparition. Je savais maintenant qu'aucune controverse n'était possible. Belushi avait succombé à une overdose, probablement d'un « panaché » de cocaïne et d'héroïne.

Mais le fait même que les petites traces de piqûres aient été si difficiles à découvrir me posait encore un problème. Apparemment, c'était une aiguille médicale propre et fine qui avait été utilisée. De plus les injections avaient été pratiquées droit dans la veine, raison pour laquelle seules de toutes petites gouttes les trahissaient. Visiblement, Belushi n'était pas un drogué indécrottable, aux bras criblés de trous. Je pensais que la drogue pouvait lui avoir été injectée par une autre personne.

– La véritable question, dis-je au lieutenant de police, n'est plus de savoir si Belushi est mort d'une overdose mais si quelqu'un lui a injecté la drogue dans les veines.

Je n'en étais pas certain mais je pensais que mon observation allait créer un dilemme pour les services de police. Si quelqu'un avait piqué Belushi, cet acte pouvait, sur le plan légal, être assimilé à un meurtre. Mais il s'agissait par excellence du type de meurtre où une condamnation était pratiquement impossible à obtenir. Même si le matériel ayant servi à préparer et à injecter la drogue réapparaissait, il serait impossible de procéder à des opérations telles qu'un relevé d'empreintes, puisque les objets auraient été manipulés entre-temps. Ainsi donc, même si mon hypothèse était correcte, il n'y aurait aucune preuve matérielle pour la démontrer.

***

Presque tout le monde pense qu'il est impossible de savoir si une personne s'est fait une piqûre ou si cette piqûre lui a été faite par quelqu'un d'autre. Je prétends qu'un expert en médecine légale peut faire la différence.

Ma théorie se fonde sur le fait que – sur le plan médicolégal – l'armature du corps humain est un squelette doté de charnières. Sur le bras, par exemple, il existe des charnières au coude et au poignet. Ces charnières ne sont en aucun cas des rotules susceptibles de tourner en tous sens. Elles ne peuvent s'articuler que d'une manière limitée. Ainsi, une personne se faisant elle-même une injection en tenant la seringue entre l'index et le médium, puis appuyant sur le piston avec le pouce, pratiquera un type de piqûre particulier. C'est ce que l'on appelle la « signature », qui fait intervenir non seulement l'emplacement de la piqûre mais sa direction.

Une telle signature ne peut se copier aisément. Les doigts d'une autre personne auront des phalanges un tout petit peu trop longues, ou un tout petit peu trop courtes, et des articulations lui permettant d'exercer des mouvements très légèrement différents. Les muscles de l'index et du médium ont également une grande importance dans la «signature» d'une piqûre. Et c'est pourquoi chaque injection est unique.

Les médecins légistes peuvent ainsi comparer les piqûres récentes et les piqûres anciennes, en s'intéressant non seulement à l'emplacement où l'aiguille a perforé la peau, mais aussi à la direction qui lui a été imprimée. Pour illustrer cette démonstration, si vous étendez le bras gauche et que vous faites le geste de vous piquer à l'aide d'une seringue tenue dans la main droite, vous noterez que la direction de la fausse piqûre est pratiquement perpendiculaire à la veine. Si c'est une autre personne qui vous plante l'aiguille dans le bras gauche, celle-ci aura tendance à suivre le sens de la veine.

***

Environ une heure après mon départ du *Chateau-Marmont*, une voiture s'arrêta devant l'hôtel. Une jeune femme du nom de Cathy Smith en sortit et remit à la police une seringue ainsi qu'une cuillère tordue au fond noirci par le feu. Elle expliqua qu'il s'agissait du matériel utilisé la veille pour la préparation et l'injection des drogues, et qu'elle l'avait emporté avec elle en quittant le bungalow.

Par la suite, Cathy Smith raconta à un journaliste du *National Enquirer* qu'elle avait, selon ses propres termes, «administré le coup de grâce» à Belushi. Mais, plus tard, elle nia avoir fait cette révélation et menaça d'attaquer le journal.

Officiellement, la mort de Belushi fut déclarée accidentelle. Mais sa veuve, Judith Jacklin, mena une lutte acharnée pour qu'un Grand Jury (chargé d'instruire les affaires) en réexamine les circonstances. Le jury allait condamner Cathy Smith pour homicide involontaire.

Quant à moi, le lendemain même de la mort de Belushi, j'étais aussi engagé dans une lutte acharnée, une lutte vitale pour ma carrière. Le Dr Kornblum pratiqua l'autopsie qui confirma mon hypothèse de l'overdose. En raison de mes démêlés juridiques, il ne me fut pas possible de mettre en pratique ma théorie sur la signature des piqûres qui l'avaient tué. Je n'ai plus eu aucune information sur l'affaire et j'ignore le rôle joué par les services médico-légaux dans la condamnation de Cathy Smith.

14

Un coroner traduit en justice

Le soir du 12 novembre 1982, dans les jardins de la *Newporter Inn*, sur la plage de Newport, des flambeaux portés par des torchères de cuivre équipés de réflecteurs éclairaient et réchauffaient la foule. Les médecins légistes venus des quatre coins des États-Unis étaient ressemblés pour leur congrès annuel. Nous étions en train de prendre l'apéritif avant le banquet au cours duquel j'allais être officiellement élu président de l'Association nationale des médecins légistes.

La semaine avait été chargée pour moi. Le mercredi, j'avais écouté mon avocat prononcer sa plaidoirie finale lors du procès qui m'opposait à l'administration pour la conservation de mon emploi. Le lendemain, je participais au congrès des médecins légistes qui allaient me placer à la tête de leur organisation.

Tandis que je traversais la foule, saluant un ami ici, un autre là, il me sembla que ma vie se déroulait en accéléré sous mes yeux. Il y avait le Dr Bill Eckert, aussi grand qu'amical, dont j'avais demandé l'assistance dans l'affaire Kennedy. Il y avait le Dr Robert Litman, le psychiatre chargé de la «commission suicide» dans l'affaire Marilyn Monroe. Il y avait le Dr Joseph Choi, qui avait pratiqué l'autopsie de Natalie Wood. Et, partout, il y avait des médecins légistes qui avaient pris l'avion de Los Angeles à leurs frais pour venir témoigner à mon procès : le Dr Bill Sturner, de Rhode Island, le Dr George Gantner, de Saint Louis, le Dr Ali Hamili, de Wilmington, dans le Delaware, et bien d'autres, venus du pays entier.

Tous leurs efforts avaient-ils été déployés en vain?

***

L'épreuve qui m'était infligée avait commencé en 1981, deux jours après Noël, avec des articles du *Los Angeles Times* critiquant mes services et moi-même. Lors d'une interview, j'avais dit à la journaliste Laurie Beckland que je me donnais la note de 7 sur 10 comme gestionnaire. C'était une évaluation modeste. Mais le titre de son article relatant cette interview annonçait : « Le narcissisme, seul défaut du Dr Noguchi ». Et le premier paragraphe préfaçait en ces termes un débat concernant mes problèmes de gestion : « Si vous voulez mettre deux personnes d'accord sur ce personnage si controversé qu'est le Dr Thomas T. Noguchi, fréquemment appelé "coroner des stars", ce sera peut-être sur le fait qu'il est un scientifique, créateur et inspiré, affligé d'un seul défaut. » Ce défaut était ensuite décrit par différents termes tels « ego », ambition, besoin d'être perpétuellement sur la sellette.

Il m'était difficile de rejeter totalement cette histoire d'ego parce que j'étais fier de mes réalisations. Cela n'avait pas été facile de venir dans ce pays dont je parlais à peine la langue et de m'élever à un rang de scientifique de premier plan. Mais la « gloire » était arrivée, non tant parce que je la recherchais que parce que des célébrités mouraient dans le secteur placé sous ma juridiction. Peut-être aussi à cause de mon héritage japonais avais-je un sens de la cérémonie, ce qui, en Amérique est appelé de la « mise en scène » ou « du spectacle ». J'admets qu'une certaine aura semble m'entourer mais quoi que j'y fasse, je n'y puis rien.

Mais les accusations de Beckland ne s'arrêtaient pas là. Une fois de plus, j'étais stigmatisé pour avoir trop parlé des affaires William Holden et Natalie Wood. Mais pis encore, l'article prétendait que je gérais mal mes services, que les pièces à conviction communiquées par la police ainsi que les objets appartenant aux défunts étaient fréquemment égarés ou mal classés, que les corps étaient entassés sur des clayettes, etc. En bref, Laurie Beckland prétendait que j'avais transformé l'Institut médico-légal de Los Angeles en chambre des horreurs.

Le public fut effaré, ce qui eût été légitime si ces accusations avaient été fondées. C'est ainsi que le conseil d'administration du comté avait rapidement réagi en nommant une commission d'enquête chargée de vérifier si les accusations portées par le *Times* étaient du domaine de la réalité ou de la fiction. Le Dr Leslie Lukash, médecin légiste-chef du comté de Nassau, dans l'État de New York, avait été ultérieurement affectée à la commission pour procéder à une enquête médico-légale impartiale sur mes services. Sa tâche menée à bien, le Dr Lukash conclut officiellement : « Compte tenu des ressources dont ils disposent actuellement, le Dr Noguchi et ses hommes effectuent un excellent travail. »

Je pensais que le débat était clos mais, faisant fi des conclusions de son expert, le conseil d'administration du comté avait demandé ma démission. Je refusai et fus proprement mis à la porte. Une nouvelle fois, j'allais être contraint de me battre pour ma réhabilitation.

À l'automne de 1982, lors d'une audience de la Commission d'Inspection des Services présidée par Sara T. Adler, Godfrey Isaac, mon fidèle avocat, et son associée Rosalind Marks assurèrent ma défense. Comme en 1969, l'affaire fit la une des journaux. Mais Isaac m'avertit que l'issue ne serait peut-être pas aussi favorable. Les origines de la plupart des accusations portées contre moi étaient, en effet, incontrôlables. La cause cachée était la fameuse Proposition 13, dont le spectre hantait la salle d'audience.

Que s'était-il passé depuis 1972, date glorieuse de l'inauguration du nouvel Institut médico-légal ? Le nombre d'homicides et de décès inexpliqués avait doublé, triplé, puis quadruplé dans le comté de Los Angeles. Et le personnel n'avait pas augmenté dans les mêmes proportions que la masse de travail. Le matériel, neuf en 1972, avait maintenant dix ans d'âge et avait besoin d'être réparé ou remplacé. On ne voulait pas nous donner d'argent pour entretenir correctement notre équipement ou le remplacer en temps utile.

Coïncidence ironique, dès que je fus révoqué, le conseil d'administration du comté avait accordé près d'un million de dollars de crédits à l'Institut médico-légal et approuvé une augmentation d'environ 50 % de son personnel. Jamais on ne m'avait accordé de tels crédits et de telles facilités en matière de personnel.

Joseph Choi, un médecin légiste remarquable qui avait été nommé directeur adjoint de la division médicale, témoigna en ma faveur et peignit un tableau très vivant des conditions dans lesquelles l'Institut devait travailler avant l'allocation des nouveaux crédits. William Masterson, avocat du comté, lui demanda s'il était vrai que les services de médecine légale fonctionnaient mal.

– Nous étions débordés, dit Choi. Nous travaillions avec du matériel abîmé, souvent à la main. Il nous était impossible d'apporter au comté le meilleur service possible. On ne nous en donnait pas les moyens.

Puis, d'une voix chargée d'indignation, Choi poursuivit :

– Je me rappelle certains jours, où dans la salle d'autopsie ruisselante de sang, nous n'avions même pas de serviettes en papier pour nous essuyer les mains. Même pas de serviettes en papier… Est-ce que vous vous rendez compte ?

Un silence, puis Choi demanda à Masterson :

– Vous arrive-t-il de travailler avec les mains couvertes de sang ?

– Pourrions-nous sortir de la salle d'autopsie, je vous prie ? fit l'avocat quelque peu mal à l'aise.

Toujours à cause du manque de personnel, nous avions aussi des problèmes de stockage et d'enregistrement à l'Institut. Mais Arleigh Macree, chef de la section armement et explosifs de la police de Los Angeles, inspecteur jouissant de dix-huit ans d'expérience, répondit aux accusations selon lesquelles nous nous montrions négligents avec les pièces à conviction. S'installant à la barre des témoins, il stupéfia tout le monde par ses premières paroles :

– Je suis le seul technicien en explosifs de la police de Los Angeles. C'est pourquoi, si mon bip-bip se met en marche, je serai obligé de partir immédiatement.

Macree informa ensuite la commission que son département était sans doute celui qui faisait le plus souvent appel aux pièces à conviction détenues par les services de médecine légale. Près de quatre-vingts pour cent des homicides étaient commis à l'aide d'armes à feu, expliqua-t-il.

– Donc, conclut-il, nous emportons environ quatre-vingts pour cent des pièces à conviction détenues par l'Institut.

– Et comment fonctionnent les services du Dr Noguchi?

– Merveilleusement bien. En quinze ans, je ne les ai jamais vus perdre la plus petite pièce à conviction. Je trouve les fichiers du coroner impeccables.

Malheureusement les accusations contenues dans le feuilleton du *Times* sur mon manque de discrétion après les morts de célébrités furent à peine abordées par l'accusation. Mais le Dr Cyril Wecht, ancien coroner du comté d'Allegheny, en Pennsylvanie, et ancien président de l'académie des sciences médico-légales, parla des questions qu'un médecin légiste devait ou ne devait pas évoquer après un décès. Témoignant en ma faveur, il dit:

> Eh bien, je ne connais aucun domaine interdit, que ce soit par la loi, la tradition ou la coutume. Je ne me souviens pas avoir jamais entendu quiconque m'informer de ce que je pouvais dire ou ne pas dire… En tant que coroner, je me suis toujours senti tenu de diffuser l'information et de la faire partager au public par l'intermédiaire des médias chaque fois que je le jugeais légitime.

La cause, les modalités des décès, de même que les circonstances les entourant étaient des questions d'intérêt public, ajouta-t-il. Et, en matière de conclusion, il déclara: «Je pense qu'il est du devoir du médecin légiste de faire circuler l'information, notamment l'information susceptible de présenter un intérêt ou d'être une source de préoccupation pour le public.»

Lorsque l'audience s'acheva, de nombreux observateurs pensaient que j'avais déjà obtenu gain de cause sur l'exposé des faits. De mon côté, je pensais être le seul à croire que j'avais réellement une chance de remporter la décision. Le spectre des articles du *Times* jetait une ombre dévastatrice sur les audiences. Et les témoignages de membres des forces de l'ordre comme Macree n'avaient eu que peu d'échos dans les médias.

Aussi attendais-je.

***

De mon appartement de Marina Del Rey, surplombant l'océan, je regardais, jour après jour, les grandes vagues qui portaient leurs coups de boutoir à la côte de Californie. En cet hiver de 1983, ces vagues semblaient être l'image de ma carrière, émaillée de hauts et de bas imprévisibles. Le mouvement s'était également étendu à ma vie personnelle. Après une longue période de séparation, Hisako et moi avions fini par divorcer en 1982.

Pourtant, entre les creux de vagues, ma vie avait été une aventure scientifique gratifiante. L'avenir qui s'offrait à moi était incertain, j'avais donc tendance à me pencher sur le passé. Je pensais souvent à la fondation de l'Institut médico-légal et aux prédictions un peu présomptueuses que j'avais faites devant les reporters. Certaines d'entre elles étaient-elles devenues réalité?

Oui. Depuis longtemps, l'Institut coopérait avec d'autres antennes médicales pour secourir les patients qui avaient besoin d'une transplantation d'organe. Complément essentiel de ce programme de collaboration, la Californie s'était désormais dotée d'une loi établissant une définition précise de la mort cérébrale.

En ce qui concernait les conducteurs morts au volant, outre le taux d'alcoolémie, la recherche de barbituriques et d'amphétamines était également devenue obligatoire. Notre service avait également été actif dans le sens de cette évolution. Nous pensions qu'il s'agissait là d'un moyen efficace de lutter contre les abus de drogues. Plus il était évident que l'alcool et la drogue intervenaient dans les morts évitables, plus il était possible d'exercer des pressions visant à réduire leur utilisation.

Notre Institut avait également participé à l'élaboration de directives visant à la suppression des systèmes de maintien de la vie en cas de dommages cérébraux irréversibles. La loi conférait également au médecin légiste juridiction sur les cliniques privées et les hôpitaux psychiatriques, où de nombreuses morts suspectes pouvaient être attribuées aux mauvais traitements infligés par le personnel aux patients.

Nous voulions faire voter une nouvelle loi inspirée par une tragédie survenue dans un hôpital. Une nouvelle aile à vocation chirurgicale venait d'y être inaugurée mais la toute première opération qui y fut pratiquée se termina en catastrophe. Un patient qui était placé sous anesthésie devint bleu. Lorsque l'anesthésiste lui administra de l'oxygène, le patient devint *encore plus bleu* et mourut ! Nos services furent appelés et une autopsie eut lieu, qui démontra que seul du protoxyde d'azote (l'anesthésique) était présent dans les poumons de la victime. Pas d'oxygène. Notre conseiller en anesthésiologie nous apprit que de l'oxygène était administré au patient en même temps que le protoxyde d'azote car le corps ne peut admettre le protoxyde d'azote pur. C'est pourquoi les deux gaz sont acheminés dans les salles d'opération au moyen de tuyaux fermés par des robinets. Pour éviter toute erreur, les tuyaux d'oxygène sont verts et ceux de protoxyde d'azote sont bleus. Par mesure de précaution supplémentaire, les manchons de raccordement des deux types de tuyaux ne peuvent s'adapter. Que s'était-il donc passé ? Une personne travaillant dans le nouveau bâtiment avait remarqué que ces manchons ne s'adaptaient pas, et elle avait réalisé un bricolage, les avait raccordés. Le résultat fut que le gaz émis dans les deux tuyaux était du protoxyde d'azote. Le patient avait reçu une double dose d'anesthésique et en était mort.

Pour que des erreurs semblables ne se reproduisent plus, nous avions exercé des pressions pour qu'une loi exige que chaque clinique, chaque hôpital procède à des contrôles périodiques d'un échantillonnage des produits anesthésiques utilisés. Mais la proposition de projet de loi fut accueillie par des huées de protestations par l'Association des médecins hospitaliers de Californie, l'Association des dentistes, le Département sanitaire de l'État et autres organismes à caractère médical.

Je me rappelle en particulier un coup de téléphone :

– Mais, docteur Noguchi, nous possédons des milliers de cabinets dentaires dans cet État. Ce serait un travail monumental pour nous.

Finalement, un compromis fut suggéré, aux termes duquel le Département sanitaire de l'État promulguerait un *règlement* instituant un contrôle sans qu'aucune loi ne soit votée au niveau de l'État. Le sénateur Joseph Montoya, auteur du projet de loi, se déclara d'accord. Nos services acceptèrent le compromis parce que nous savions que notre but était atteint. Nous avions alerté tous les organismes, associations et établissements médicaux. Ils allaient se montrer beaucoup plus prudents dans l'avenir. En fait, aucune autre tragédie du même ordre ne fut à déplorer depuis lors.

J'étais fier du travail réalisé dans le passé au sein de la brigade médico-légale. J'étais aussi déterminé à rester un porte-voix de la science médico-légale, et ce, quoi qu'il pût advenir de ma carrière personnelle. Finalement, le 10 février 1983, le président des audiences, Sara Adler, était prête à annoncer sa décision, laquelle, dans les faits, prendrait valeur de recommandation à la Commission d'Inspection des Services. Ce jour-là, je me levai, comme le veut le protocole, au moment où la décision de Sara Adler nous fut remise à mon avocat et à moi-même.

Sur la base des faits entendus au cours d'un procès de plusieurs mois, le président Sara Adler déclara que ma révocation était *dénuée de fondement*. Elle déclara également qu'on ne m'avait jamais donné la possibilité de montrer si j'étais capable de gérer le service avec les fonds et le personnel nouveaux qui avaient été accordés seulement après mon départ.

C'était le plus beau jour de ma vie. J'avais gagné la bataille de ma réintégration.

Pourtant, après l'enthousiasme du moment, je retombai dans un abîme plus profond encore. Le 23 février, la Commission d'Inspection des Services vota le rejet de la recommandation prononcée par Sara Adler, transformant ainsi en bouffonnerie un procès qui avait duré plusieurs mois et coûté des centaines de milliers de dollars. La commission déclara que l'énoncé des faits que Sara Adler avait eu à connaître ne justifiait pas ses conclusions et que, dans la lecture de son rapport, elle avait fait allusion au fait que j'étais un piètre gestionnaire.

Il me semble parfois facile de me sentir victime de l'écrasement et du harcèlement bureaucratiques, voire même de quelque vengeance personnelle. Mais, de même que mes confrères médecins légistes, j'en suis arrivé à penser que ma révocation est un symbole, celui de l'indépendance du médecin légiste-coroner et des craintes qu'elle inspire à la bureaucratie. C'est précisément cette indépendance qu'il faut préserver. Le rôle du médecin légiste est de protéger les hommes. Lorsque la mort frappe, des médecins n'ayant pas reçu de formation appropriée ou peu scrupuleux, ou encore des policiers incompétents, corrompus, voire simplement négligents, peuvent être dépêchés sur les lieux. C'est très exactement pour remédier à ce risque que le médecin légiste a été investi par la loi de la responsabilité d'enquêter sur les décès, suspects ou non.

Les spécialistes en science médico-légale, qu'ils exercent ou non des fonctions officielles, sont des défenseurs de la société. À partir des enseignements tirés de l'étude de la mort, notre tâche consiste, en effet, à protéger la vie. C'est une belle et grande mission, et je suis heureux d'avoir pu y apporter ma contribution. Un jour, au début de la bataille juridique engagée pour reprendre mon poste, je fus invité à faire entendre mon son de cloche personnel par une chaîne de télévision locale. À mon arrivée, une hôtesse me remit un formulaire à remplir. À la rubrique « profession », j'inscrivis : Coroner combattant. Ce petit morceau de bravoure fit le régal des journaux, qui s'en emparèrent. J'y gagnai une image nouvelle qui, à mes propres yeux, valait beaucoup mieux que celle de « coroner des stars ». Le combat que je mène est à la fois une lutte personnelle et une croisade en faveur de la science médico-légale. À l'heure où j'écris ces lignes, sur la porte du bureau que j'occupe au CHU de Los Angeles, il y a une pancarte : « Bienvenue en Sibérie ». J'y ai dessiné un petit visage souriant[1].

1. Thomas Noguchi est aujourd'hui retraité (N.d.É).

Table des matières

Achevé d'imprimer en juin 2025
sur les presses de la Nouvelle Imprimerie Laballery
58500 Clamecy

Numéro d'impression : 505769

Imprimé en France

La Nouvelle Imprimerie Laballery est titulaire de la marque Imprim'Vert®